비즈니스 일본어와 매너

김동완 지음

UUP.

비즈니스일본어와 매너

- 2022년 3월 02일 2**판 발행**
- 2012년 3월 14일 **초판 발행**
- **지은이** 김동완
- **펴낸이** 오연천
- **펴낸곳 UUP**(울산대학교출판부) 44610 울산광역시 남구 대학로 93(무거동) 울산대학교 출판부
- 전화 (052)259-2488 팩스 (052)277-3011 ▪ **홈페이지** http://uup.ulsan.ac.kr
- **출판등록** 제370-1996-000001호(1996.3.13)
- ₩ 16,000

ISBN 978.89.7868.275.6 (93730)

차 례

발간에 즈음하여

이 책의 발간목적과 구성은 다음과 같다.

발간목적

일단은 사회진출을 목전에 두고 있는 대학의 일본어 관련학과 졸업반 학생을 겨냥하여 집필하였다. 이제까지 오랜 시간동안 학교라는 울타리에서 생활해 오던 졸업반학생으로서는 사회진출에 앞서 말씨와 태도, 그리고 마음가짐 등 갈고 닦아야 할 많은 사항들이 과제로서 남겨져 있는 셈이다. 보다 정중하고 세련된 말씨와 태도를 다듬어 나가는 것은 원활한 사회진출과 부단한 자기성장을 위한 확실한 준비이다. 이를 위하여 이 책에서는 일본어뿐만 아니라 우리말의 경우도 충분히 함께 검토하여 가장 이상적인 말씨를 모색할 수 있도록 하였으며, 아울러 각종장면에서의 태도와 마음가짐에 대하여도 충분히 고찰하였다. 아울러 이미 사회생활을 하고 있을지라도 일본의 기업과 업무상의 교류를 해야만 하는 입장에 있는 사람이 기본적이고 필수적으로 갖추어야 할 비즈니스일본어의 연습과 각종 비즈니스문서의 작성요령을 체득하는 한편, 보다 세련되고 원만한 매너를 익히기 위한 하나의 지침서로서도 집필하였다.

구성

모두 세 편으로 구성하였다.

제1편인 비즈니스일본어 편에서는 일본어경어체계에 있어서의 기본사항을 상세하게 설명 하였는 바 세 가지 경어체계에 속하는 존경어, 겸양어, 정중어순으로 내용에 대한 해설과 더불어 실제의 예를 제시하였다. 아울러 다양한 실제장면을 설정하여 여기에서의 잘못된 경어사용과 올바른 경어사용을 상세하게 설명하였다. 또한 기본적인 경어체계의 체득과 사용법의 숙지를 바탕으로 본격적이고 충분한 경어연습이 될 수 있도록 다양한 장면별 오용과 그에 대한 수정안도 제시하였다. 물론, 우리말도 장면별로 필요시마다 함께 검토함으로서 보다 정중하고 세련된 우리말의 경우를 음미할 수 있도록 하였다.

제2편인 비즈니스문서 편에서는 비즈니스문서의 작성요령을 제시하였고 이어서 문서의 기본적인 체계와 더불어 다양한 인사표현과 도입표현, 그리고 마무리인사표현 등을 상세히 해설하였다. 또한 비즈니스문서에서 항상 사용되는 정형화된 각종 문구를 총망라하여 수록해 놓음으로서 언제든지 필요시에

간단하고 편리하게 사용 내지 응용할 수 있도록 배려하였다. 아울러 실제의 다양한 업무성격별 비즈니스문서의 작성 예를 충분히 예시함과 동시에 그에 대한 상세한 해설을 곁들임으로서 비즈니스문서에 대한 폭넓은 체득을 할 수 있도록 하였다.

제3편인 매너 편에서는 실제의 여러 장면, 즉 전화를 걸고 받을 때, 손님을 맞이하고 안내할 때, 대화를 하고 소개할 때, 또는 전언을 전달하고 사회를 볼 때 등의 바람직한 자세와 요령 등에 대하여 충분히 검토하고 해설을 하였다. 아울러, 명함을 교환하고 응접실을 배치하며 복도를 걷고 승용차를 타는 등의 일상적이고 세부적인 상황에서 주의하여야 할 점에 대해서도 최대한의 설명을 곁들여 놓았다.

마지막으로 이 책의 맨 뒤에는 앞서 제시한 잘못된 경어사용과 실제연습에 대한 해설과 해답을 실어 놓음으로서 충분한 경어법체득의 뒷받침이 될 수 있도록 하였다.

학습자들의 분발과 끊임없는 성장을 기대하는 바이다.

저자 김동완

비즈니스일본어 편

경어란?

참된 인간관계의 구현과정에 있어서, 경어만큼 중요한 것도 없을 것이다. 즉, 경어는 보다 원활한 인간관계의 정립을 위한 윤활유와도 같은 존재인 셈이다. 보다 좋은 인간관계를 만들기 위해서는 가능한 한, 상대의 입장에 서서 행동하는 마음자세와 행동요령이 중요한데, 경어는 이러한 자세와 정신의 구체적인 표현이 되는 것이다. 특히, 엄격한 규율과 체계가 정립되어 있고, 각종 예의범절이 중시되는 회사나 조직단체에서는 하나하나의 말씨가 자신의 인격을 표출하는 한편, 외부에 대해서는 전체를 표현하는 잣대로 여겨지기도 한다. 일본어경어는 매우 복잡하게 발달되어 있어서 학습하기가 용이하지 않으며, 실제로 일본인들조차도 종종 잘못 사용하기도 한다. 이는 존경어와 겸양어의 차이를 정확히 인식하지 못하고 혼용하는 데에 기인되는 경우가 많은데, 이러한 점에서 이 두 가지 체계의 경어를 올바르게 체득하고 숙련시키는데 역점을 두는 것이 중요할 것이다. 본 절에서는 일본어경어의 세 가지 체계를 최대한 알기 쉽게 설명하고자 한다.

(1) 세 종류의 경어

일본어의 경어는 크게 존경어, 겸양어. 정중어의 세 가지로 분류할 수 있다. 이 중에서 존경어와 겸양어는 눈앞에 있는 상대방이나, 눈앞에 있지는 않지만 대화에 떠 올라있는 제3의 인물을 높여서 표현하는 말투이다. 한편, 정중어는 단지 눈앞에 있는 상대방을 정중하게 대우하는 말투이다. 간단히 말해서 반말을 쓰는 것이 아니라 존댓말을 쓰는 것으로 생각하면 된다. 우리말을 예로 알기 쉽게 설명하자면, 「말한다」의 경우, 「말씀하신다」가 존경어이며, 「말씀드린다, 말씀 올린다」가 겸양어가 된다. 아울러, 「말한다」를, 「말합니다, 말씀하십니다, 말씀드립니다」와 같이 「～ㅂ니다」를 붙여서 표현하는 것이 정중어가 되는 셈이다. 이렇게 볼 때, 결국, 존경어는 상대방의 동작이나 상태를 높여서 표현하는 말투이며, 겸양어는 자신의 동작이나 상태를 낮춤으로써 간접적으로 상대방을 높이는 효과가 있는 말투인 것이다. 궁극적으로 존경어나 겸양어 모두 상대방을 높인다고 하는 점에서는 동일한 효과를 지니는 말투인 셈이다.

우선, 일본어경어에 관한 인식을 새롭게 하고, 자각을 촉구하는 의미에서 다음의 문들을 살펴보기로 하자. 다음의 문들은 일본어경어법의 원칙에서 볼 때, 어딘가가 잘못된 표현들로만 구성되어 있다. 장면 별로 주어진 문 하나 씩 점검함으로서 일본어경어에 대한 자신의 지식과 인식정도를 체크하기 바란다. 이에 대한 답과 해설은 부록에 첨부하여 두었다.

▶ 신랑아버지가 하객에게

新郎新婦を支えてくれる人々が、こんなにもおり、胸がいっぱいになる思いです。

▶ 사회자가 청중에게

この席におられるみなさんは、すでに承知(しょうち)していることと思います。

▶ 부하가 상사인 과장에게

課長、帰りに00社へお伺(うかが)いしてくださいませんか。

▶ 초대받은 상대방에게

あなたも田中さんからご招待をしていただいたのですか。

▶ 손님에게 음식을 권하며

ありあわせで何もありませんが、どうぞ一緒にいただいてください。

▶ 호의를 베푼 상대방에게

そのようなことをいたされますと、礼の言葉に困ります。

▶ 다시 전화 걸어 줄 것을 부탁할 때

しばらくいたしましてからまた電話ください。

▶ 전람회장에서

ご拝見になる順路は、矢印(やじるし)で書いてあります。

▶ 상대방에게

必ずご持参(じさん)いたしますから待ってください。

▶ 상대방에게

私の社長には、もうお目にかかっていただけましたか。

▶ 사회자가 청중에게

先生を存じていらっしゃる人は手をあげてください。

▶ 상대방에게

そこまでご存じになっていらっしゃるとは思いませんでした。

▶ 동행인에게

お宅の主人に買って差し上げたら、喜ぶでしょうね。

▶ 관용서에서 민원인에게

証明書はこの用紙を使って申し込んでください。

▶ 상대방의 딸에 관해서

お嬢さん、就職が決まったそうですね。

▶ 상대방의 남편에 관해서

さっき、あなたの主人がうちの店へ来ました。

▶ 자기부인에 관해서

女房(にょうぼう)は、出先(できき)から直接あなたのうちへ行くそうです。

▶ 자기 동생에 관해서

弟が、借りた本のことで迷惑をかけました。

▶ 자기 친척에 관해서

親戚の人が駅に迎えに出ています。

▶ 자기 후배에 관해서

僕の後輩の田中君が、一度事務室へ行きたいと言っていました。

▶ 자기 아이들에 관해서

昨日もらったお菓子は、子供たちがとてもおいしく食べました。

그러면, 본격적으로 일본어의 경어체계에 관해서 살펴보기로 하는데, 존경어와 겸양어, 그리고 정중어순으로 최대한 상세하게 서술해나가기로 한다.

1) 존경어

상대방 또는 화제인물의 동작이나 상태를 높임으로써 직접적으로 존경을 표시하는 말투인데, 다음과 같은 방법으로 나타낸다. 그 주된 방법만 나열하면 다음과 같다.

A.「お+동사연용형+보조동사」

위의 존경어형식에 다양한 동사의 연용형을 끼워 넣음으로서 존경어를 만들 수가 있는데, 대체로 다음과 같은 형식들이 여기에 속한다.

a.「お+동사연용형+になる」

가장 일반적으로 널리 사용되는 존경어형식으로 누구에게 사용해도 손색이 없다.

飲む→お飲みになる、 出かける→お出かけになる、 会う→お会いになる、楽しむ→お楽しみになる、喜ぶ→お喜びになる、話す→お話しになる、譲る→お譲りになる、読む→お読みになる、座る→お座りになる、乗る→お乗りになる、帰る→お帰りになる、書く→お書きになる

대부분의 동사는 이와 같이 하면 우리말의 '~하시다'에 해당되는 존경어를 얼마든지 만들 수 있다. 하지만, 예외도 있어서「お言いになる、お食べになる」는 그다지 사용하지 않는다. 왜냐하면, 후술하듯이 이러한 동사는 이미 거기에 걸 맞는 경어동사(言う→おっしゃる、食べる→召し上がる)가 존재하기 때문이다. 또한, 한자어의 경우, 그 동작주가 상대방인 경우에는 위의 방법으로 존경어를 나타내는데, 이 경우, 주로「お」대신에「ご」가 쓰이는데 주의하여야한다.

登場する→ご登場になる、出席する→ご出席になる
出発する→ご出発になる

예 課長、部長がお探しになっていらっしゃいます。
部長は、会社にはいつお戻りになるご予定ですか。
社長は、あとからご出発になります。
先生がご登場になりますので、拍手をお願いします。

b.「お＋동사연용형＋なさる」

상대방의 동작을 높여서 표현하는 존경어형식으로「お＋동사연용형＋になる」만큼 많이 쓰이지는 않지만, 여전히 사용가치는 높은 형식이다.「なさる」에「ます」가 접속될 때는「なさいます」로 변음 되는 것에 주의하여야 한다.

飲む→お飲みなさる、出かける→お出かけなさる、会う→お会いなさる、楽しむ→お楽しみなさる、喜ぶ→お喜びなさる、話す→お話しなさる、譲る→お譲りなさる、読む→お読みなさる、座る→お座りなさる、乗る→お乗りなさる、帰る→お帰りなさる、書く→お書きなさる

또한, 한자어의 경우, 그 동작주가 상대방인 경우에는 위의 방법으로 존경어를 나타내는데, 이 경우, 주로 「お」 대신에 「ご」가 쓰이는데 주의하여야 한다.

登場する → ご登場なさる、出席する → ご出席なさる
研究する→ ご研究なさる、案内する → ご案内なさる

예 課長、部長が先からお探しなさっています。
部長は、会社にはいつお戻りなさるご予定ですか。
社長は、あとからご出発なさいます。
先生がご登場なさいますので、拍手をお願いします。

c. 「お＋동사연용형＋くださる」

상대방의 동작이나 상태를 높이되, 상대방의 동작으로 인하여 어떠한 은혜를 입게 됨을 나타내는 존경어형식이다. 우리말의 '～해 주시다'에 해당되는 표현으로 생각하면 좋을 것이다. 「くださる」에 「ます」가 접속될 때는 「くださいます」로 변음 되는 것에 주의하여야 한다.

会う → お会いくださる、楽しむ → お楽しみくださる、話す→お話しくださる、譲る → お譲りくださる、読む → お読みくださる、座る → お座りくださる、乗る → お乗りくださる、帰る → お帰りくださる、書く → お書きくださる

또한, 한자어의 경우, 그 동작주가 상대방인 경우에는 위의 방법으로 존경어를 나타내는데, 이 경우, 주로 「お」대신에 「ご」가 쓰이는데 주의하여야한다.

登場する → ご登場くださる、出席する → ご出席くださる
研究する → ご研究くださる、案内する → ご案内くださる

예 夕方出かけますから、早めにお送りください。
日本語は、先生がお教えくださいました。
時間になりましたので、ご出発ください。
先生、講演会を始めますので、ご登場ください。

B. 경어동사를 이용한다.

동사에 따라서는 이미 존경의 의미를 나타내는 독립된 동사가 있는데, 이를 경어동사라고 한다. 이러한 경어동사는 그 수가 한정적이기는 하나, 경어도가 매우 높을 뿐만 아니라 사용빈도도 매우 잦으므로 이를 하나씩 암기하여 두는 것이 좋다.

する → なさる、(行く、来る、いる) → いらっしゃる、言う →おっしゃる、(食べる、飲む) → 召(め)し上(あ)がる、くれる → くださる、着る → 召す、来る → 見える

위에서 보다시피, 「いらっしゃる」의 경우는 「いる、来る、行く」에 대한 경어동사로 활발하게 쓰이고 있으므로 문맥을 통한 용법

의 구별을 하여야 하는데, 이는 조금만 익숙해지면 그다지 어렵지 않게 이루어질 것이다.

예 もしもし、田中課長はいらっしゃいますか。

お父さんにお目にかかった時、そうおっしゃいました。

もうお昼は召し上がりましたか。

まもなく院長がご回診に見えます。

이 밖에, 단독으로 구성된 경어동사는 아니지만, 이에 못지않게 독립된 경어동사로서만 쓰이는 것에 다음의 세 가지가 있다.

おいでになる → 「いる、行く、来る」에 대한 경어동사로 「いらっしゃる」와 같음。

お越(こ)しになる → 「行く、来る」에 대한 경어동사이다.

お隠(かく)れになる → 「死ぬ」에 대한 경어동사이다.

C. 조동사 「れる、られる」를 접속한다.

조동사 「れる、られる」는 수동, 존경, 가능, 자발의 네 가지 의미용법을 지니고 있는데, 여기에서는 존경의 용법을 뜻한다. 「れる」는 오단동사에, 「られる」는 그 밖의 동사 미연형에 접속된다.

乗る→乗られる、行く→行かれる、会う→会われる、読む→読まれる、座る→座られる、会う→会われる、話す→話される、通う→通

われる、食べる→食べられる、出かける→出かけられる、来る→来られる、寝る→寝られる

다만, 이와 같은 방식은 조동사「れる、られる」가 존경이외에도 여러 가지 의미를 나타내는 관계로 다소 혼동될 여지가 있으므로 사용에 주의하여야 한다. 아울러, 이러한 방식은 위에서 열거한 방식보다는 다소 경어도가 떨어지는 경향이 있음도 인식할 필요가 있다.

예 明日も学校へ行かれますか。
部長は、帰って来られましたか。
先生は、もう起きられましたか。
きっと驚かれたことでしょうね。

D. 특별한 단어를 사용한다.

息子 → 令息(れいそく)、娘 → 令嬢(れいじょう)、名前 → ご芳名(ほうめい)、柴田 → 柴田課長、柴田先生、柴田所長、誰→どなた、あの人→あの方

E. 접두어. 접미어를 사용한다.

존경어에 쓰이는 주요접두어로서는「お」와「ご」가 있는데,「お」는 주로 순수한 일본어에 접속되고,「ご」는 한자어에 접속되는 경향이 있다. 아울러 주요한 접미어로는「さん」「様(さま)」가 널리 쓰이는데,「さん」보다는「さま」의 경어도가 더 높다.

親切→ご親切、呼び→お呼び、足の運び→ご足労(そくろう)、死亡→ご逝去(せいきょ)、父親→父上、母親→母上、子供→お子さん(さま)、息子→息子さん、娘→娘さん、お嬢(じょう)さん(さま)、兄→お兄さん、姉→お姉さん、妹→妹さん、弟→弟さん、家内→奥さん(さま)、主人→ご主人、

2) 겸양어

자신의 동작이나 상태를 낮춤으로써 간접적으로 상대방에게 존경을 표시하는 말투인데, 다음과 같은 방법으로 나타낸다. 그 주된 방법만 나열하면 다음과 같다.

A. 「お+동사연용형+보조동사」

동작이나 상태가 이루어지는 과정에서 상대방을 전제로 한 다양한 내용의 동사를 위의 형식에 끼워 넣음으로서 겸양어를 만들 수가 있다. 여기에서 상대방을 전제로 한다고 하는 것은 말할 때는 듣는 사람이, 편지를 쓸 때는 읽는 사람이, 그리고 초대할 때는 초대받을 사람이 설정되어 있음을 말하는 것으로 이해하면 될 것이다.

a. 「お+동사연용형+する」

겸양어형식 중에서 가장 일반적으로 널리 쓰이는 것으로 누구에게 사용해도 손색이 없는 형식이다.

話す→お話しする、 会う→お会いする、 書く→お書きする、 招く→お招きする、 訪ねる→お訪ねする、 渡す→お渡しする、 届ける→お届けする、助ける→お助けする、つぐ→おつぎする、待つ →お待ちする、送る→お送りする、願う→お願いする

대부분의 동사는 이와 같이 하면 되나, 다만 주의할 것은 앞서 말했듯이 어디까지나 상대방과의 관계가 정립되어 있는 동작이나 상태에 한하여 이러한 용법을 구사할 수가 있다는 점이다.「話す、会う、書く、招く、訪ねる」등의 동사가 나타내는 것은 모두가 상대방을 전제로 한 동작이다. 또한, 한자어의 경우, 그 한자어가 동작성을 지니고 있으며, 아울러 그 동작주가 말하는 자신일 뿐만 아니라 상대방을 전제로 한 경우에는 위의 방법으로 겸양어를 만들 수 있는데, 이 경우, 주로「お」대신에「ご」가 쓰이는데 주의하여야 한다.

協力する→ご協力する、連絡する→ご連絡する、案内する→ ご案内する、招待する→ ご招待する

예 ネクタイが曲がっていますから、お直ししましょう。

いえ、結構です。私がまたおかけしますから。

その点はお目にかかった上で、ご相談したいと思います。

あそこへは私がご案内します。

b. 「お＋동사연용형＋いたす」

이 겸양어형식은 「お＋동사연용형＋する」의 형식보다 다소 경어도가 높은 표현이 된다. 말할 것도 없이 「する」의 겸양어동사 「いたす」가 사용되었기 때문이다.

話す→お話しいたす、会う→お会いいたす、書く→お書きいたす、招く→お招きいたす、訪ねる→お訪ねいたす、渡す→お渡しいたす、届ける→お届けいたす、助ける→お助けいたす、つぐ→おつぎいたす、待つ→お待ちいたす、送る→お送りいたす、願う→お願いいたす

이러한 표현은 공적인 장소나 처음 만나는 사람 앞에서 사용하기에 매우 적합하다. 또한, 한자어의 경우, 그 동작주가 말하는 자신이며 상대방이 전제되어있는 경우에는 위의 방볍으로 겸양어를 만들 수 있는데, 이 경우, 주로 「お」 대신에 「ご」가 쓰이는데 주의하여야 한다.

協力する→ご協力いたす、連絡する→ご連絡いたす、案内する→ご案内いたす、招待する→ご招待いたす

예 ネクタイが曲がっていますから、お直しいたします。
いえ、結構です。私がまたおかけいたしますから。
その点はお目にかかって、ご相談いたしたいと思います。
あそこへは私がご案内いたします。

c. 「お+동사연용형+申し上げる」

이와 같은 종류의 겸양어형식 중에서 가장 경어도가 높은 표현이다. 왜냐하면, 가장 경어도가 높은 동사「申し上げる」가 사용되고 있기 때문인데, 이 경우의「申し上げる」는「言う」에 대한 겸양어동사가 아니라 단지「する」에 대한 겸양어동사로 쓰였음에 주의하여야 한다.

話す→お話し申し上げる、会う→お会い申し上げる、書く→お書き申し上げる、招く→お招き申し上げる、訪ねる→お訪ね申し上げる、渡す→お渡し申し上げる、届ける→お届け申し上げる、助ける→お助け申し上げる、つぐ→おつぎ申し上げる、待つ→お待ち申し上げる、送る→お送り申し上げる、願う→お願い申し上げる

이와 같은 겸양어형식은 주로 서간문 같은 문장체에서 쓰이며, 회화체의 경우에는 최대한의 정중함을 표현하고자 할 때 쓰인다. 또한, 한자어의 경우, 그 동작주가 말하는 자신이며 상대방이 전제되어있는 경우에는 위의 방법으로 겸양어를 만들 수 있는데, 이 경우, 주로「お」대신에「ご」가 쓰이는데 주의하여야 한다.

協力する→ご協力申し上げる、連絡する→ご連絡申し上げる、案内する→ご案内申し上げる、招待する→ご招待申し上げる

예 それでは、会議の結果をお話し申し上げます。

ご面倒でしょうが、お願い申し上げます。

その点はお目にかかって、ご相談申し上げたいと思います。

あそこへは私がご案内申し上げます。

d. 「お+동사연용형+いただく」

일본어특유의 겸양어형식으로, 「もらう」에 대한 겸양어동사 「いただく」를 뒤에 배치함으로서 상대방에게 무언가를 정중하게 부탁할 때에 사용되곤 한다. 위의 a.b.c가 모두 자신의 동작을 겸손하게 표현한 것인데 반하여 이 형식은 상대방에게 무언가를 정중하게 부탁한다고 하는 점에 차이가 엿보인다. 우리말의 '～해 주신다'정도에 해당되는 것으로 보면 되는데, 다만, 위의 형식대로만 표현하면 상대방에게 부탁하는 강도가 높아질 우려가 있으므로 보통은 문말표현을 부드럽게 하기 위해 「～いただきたいのです、～いただきたいのですが、～いただいてよろしいでしょうか」등의 표현으로 나타내는 것이 바람직하다.

話す→お話しいただく、会う→お会いいただく、書く→お書きいただく、招く→お招きいただく、訪ねる→お訪ねいただく、渡す→お渡しいただく、助ける→お助けいただく、つぐ→おつぎいただく、待つ→お待ちいただく、送る→お送りいただく、届ける→お届けいただく

이 경우에도 한자어의 경우, 「お」대신에 「ご」가 쓰이는데 주의하여야 한다.

協力する→ご協力いただく、連絡する→ご連絡いただく、案内する→ご案内いただく、招待する→ご招待いただく

예 そのことについては、先生にお話しいただきました。
本日は、お招きいただいてまことにありがとうございます。
それでは、あとでご連絡いただきたいのですが。
あそこへは課長にご案内いただきました。

e. 「お+동사연용형+願う」

상대방에게 무언가를 정중하게 부탁하는 겸양어형식이다. 우리말의 '~해 주시기 바랍니다'정도에 해당되는 표현으로 생각하면 될 것이다.

話す→お話しねがう、会う→お会いねがう、書く→お書きねがう、招く→お招きねがう、訪ねる→お訪ねねがう、渡す→お渡しねがう、届ける→お届けねがう、助ける→お助けねがう、つぐ→おつぎねがう、待つ→お待ちねがう、送る→お送りねがう

이 경우에도 한자어의 경우, 「お」 대신에 「ご」가 쓰이는데 주의하여야 한다.

協力する→ご協力ねがう、連絡する→ご連絡ねがう、案内する→ご案内ねがう、招待する→ご招待ねがう

예 この件について、お話し願います。

明日までにお届け願いたいのですが。

仕事が多いですので、お助け願います。

この件についてはご協力願います。

f. 「동사미연형+(さ)せていただく」

이 형식 또한 겸양어형식으로 일상의 언어생활에서 매우 빈번하게 쓰이고 있다. 주로 자신이 어떤 동작을 취하는 과정에서 상대방의 허락을 구하는 것 같은 어감이 주어져서 얼핏 보기에는 매우 정중한 것 같지만 실제로는 상대방의 의지와는 상관없이 일방적으로 자신이 어떠한 동작을 취할 것임을 통보하는 표현에 지나지 않는다. 그러한 이유로 표면적인 것과는 달리 표현자체는 그다지 정중한 편이 못되므로 사용에 신중을 기할 필요가 있다. 아울러, 사역의 조동사 「せる」는 오단동사와 サ행변격동사 「する」의 미연형(이 경우 「する」의 미연형은 「さ」)에, 「させる」는 그 밖의 동사미연형에 접속된다.

話す→話させていただく、会う→会わせていただく、休む→休ませていただく、待つ→待たせていただく、行く→行かせていただく、出かける→出かけさせていただく、訪ねる→訪ねさせていただく、届ける→届けさせていただく、助ける→助けさせていただく

예 本日は、休ませていただきます。

ここで待たせて頂きたいのですが。

あそこへは、私が行かせていただきたいのですが。

B. 겸양어동사를 이용한다.

한정적이나마 겸양어동사가 존재하는데, 이는 「お＋동사연용형＋する」형식을 이용하는 것보다 훨씬 경어도가 높아지게 되므로 하나씩 암기하여 두는 것이 좋다.

(訪ねる、聞く、質問する)→伺(うかが)う、言う→申し上げる、会う→お目にかかる、見せる→「お目にかける」「ご覧(らん)にいれる」、もらう→「いただく」「頂戴(ちょうだい)する」「賜(たまわ)る」、与(あた)える→差し上げる、いる→おる、する→致す、(行く、来る)→参(まい)る、聞かせる→お耳にいれる、思う→存(ぞん)ずる、(聞く、引き受ける)→承(うけたまわ)る

위에서 보듯이,「訪ねる、聞く、質問する」의 겸양어동사는 「伺(うかが)う」가 주로 사용되며,「行く、来る」는「参(まい)る」가 사용되므로 문맥을 염두에 두고 선별적으로 사용해야 하나, 이 역시 금방 익숙해질 것이므로 그리 신경 쓸 필요는 없을 것이다.

예 明日、お宅へ伺ってよろしいでしょうか。
この本は、先生からいただきました。
部長に折り入って申し上げたいことがありますが。
先生にお目にかかりたいと思って参りました。

C. 특별한 단어를 사용한다.

わたくし、手前(てまえ)ども、わたくしども

「わたくし」는 공식적인 자리에서 자신을 가리키거나 첫 대면인 사람 앞에서 자신을 가리킬 때에 쓸 수 있는 1인칭대명사이다. 하지만, 어감이 너무나도 정중하므로 평상시에는 그 축약형인 「わたし」를 사용하는 것이 좋다. 「わたくしども」는 「わたくし」의 복수형으로 우리말의 '저희들'에 해당된다. 또한, 「手前(てまえ)ども」는 주로 상인들이 자신이나 자신의 상점을 가리킬 때 쓰는 비즈니스일본어이다.

D. 접두어. 접미어를 사용한다.

拙文(せつぶん)、拙宅(せったく)、愚息(ぐそく)、弊社(へいしゃ)、粗茶(そちゃ)、小社(しょうしゃ)

하지만, 위와 같은 말들은 모두 서간문이나 문장체에서 주로 쓰이는 말들이다.

3) 정중어(丁寧語)

말 그대로 상대방에 대하여 정중함을 나타내기 위한 것으로, 상대방을 높이거나 자신을 낮추는 것과는 아무 상관이 없는 말투이다. 주로, 예의바른 어법을 구사하거나 품위 있는 어법을 구사하기 위하여 사용된다. 정중어로 빈번하게 사용되는 말에는 동사, 조동사, 그리고 접두어 「お」가 있으며, 단어를 이용한 정중어도 활발하게 사용된다.

A. 동사를 이용한 정중어

정중어로 사용되는 동사에는 겸양어와 공통된 것이 매우 많다. 이는 아마도 원래 겸양어로만 쓰이던 동사가 그 사용영역을 확대하는 과정에서 정중어의 용법으로까지 파생된 것으로 여겨진다.

ありますー→ございます、いますー→おります、言いますー→申します、(飲みます、食べます)→いただきます、(思います、知っています)→存じます、(行きます、来ます)→参(まい)ります、死にますー→亡(な)くなります、しますー→致(いた)します、寝ますー→休みます、承知(しょうち)しましたー→かしこまりました

위에 열거한 정중어들은 모두 자신의 말에 품격을 유지하기 위하여 구사되는 것이나, 이는 동시에 상대방에 대한 예우와도 직결되는 것으로 생각해야 한다.

B. 조동사를 이용한 정중어

문 말에 사용되는 「です、ます、ございます」등이 주된 것으로, 이는 어디까지나 눈앞에 있는 상대방을 예우하기 위한 말투가 된다.

です→「これが学校です」「この旅館は静かです」

ます→「私がお宅にうかがいます」「部屋の掃除は私がいたします」

ございます→「婦人服売り場は四階にございます」「これが香水でございます」「お久し振りでございます」「さようでございます」(「そうです」보다 정중한 표현)

C. 접두어「お」를 이용한 정중어

접두어「お」는 때로는 존경어로, 때로는 겸양어로, 그리고 때로는 정중어로도 쓰이고 있어 그 구별이 어려울 때가 많다. 기본적으로 상대방에 관한 것에「お」가 접속되었을 때는 존경어, 자신에 관한 것에「お」가 접속되었을 때는 겸양어, 그리고 이 두 가지에 속하지 않는 경우에는 정중어의「お」로 생각하면 좋을 것이다. 결국, 정중어로서의 접두어「お」는 단지 말을 아름답고 품위 있게 꾸미는 역할을 하고 있음에 지나지 않는 것이며, 이러한 점에서 일명 미화어로도 일컬어지고 있다.

着物→お着物、天気→お天気、飯→ご飯、米→お米、菓子→お菓子、味噌汁(みそしる)→お味噌汁(みそしる)、台所→お台所、砂糖→お砂糖、塩→お塩、醤油(しょうゆ)→お醤油(しょうゆ)

참고로, 접두어「お(ご)」에 관하여 그 용법을 개괄적으로 설명해 둔다. (자세한 것은 후술)

1. 상대방의 동작, 상태나 상대방에 속한 사물, 사항인 경우

お帰り、お出(で)かけ、おひま、お見事、お達者(たっしゃ)、お孫さん、お財布(さいふ)、お仕事、お煙草(たばこ)、お荷物、お近くまで、お体、お考え、お話、ご不在、ご道楽(どうらく)、ご歓談(かんだん)、ご長男、ご機嫌(きげん)、ご意見、ご出席、ご病気

2. 자신의 동작, 상태일지라도 상대방과 관련되어 있을 경우

お寄(よ)り、お届(とど)け、お電話をかける、お手紙を出す、お礼、ご報告、お願い

3. 단지 관용적으로 정중함만을 나타낼 경우

お暑い、お静か、お近いうちに、お習字、お店、お天気、お部屋、お手洗い、お風呂、お茶、お賽銭(さいせん)(神社나 절에서 참배할 때 내는 금전)

D. 단어를 이용한 정중어

今→ただいま、どこ→どちら、本当に→まことに、今日→本日、昨日→昨日、明日→明日(みょうにち)、ちょっと→少々、いくら→いかほど、いい→よろしい、そうです→さようでございます、買う→求める

이상, 열거한 말들이 정중어인데, 실제로 정중어로 포장했다고 해서 내용과 의미가 달라지는 것은 아니지만, 역시 말의 품위가 높아지거나 미화되는 것만은 사실이다.

위에서 살펴보았듯이, 경어에는 크게 나누어 상대방에 관계되는 것(존경어)과 자신에 관계되는 것(겸양어)의 두 가지가 있음을 일단은 염두에 둘 필요가 있는데, 이를 실례를 들어 설명하기로 하자.

(あなたが)お話しになります → 말씀하십니다(존경어)
(わたしが)お話しします → 말씀드리겠습니다(겸양어)

(あなたが)お会いになる → ~을(를) 만나신다(존경어)
(わたしが)お会いする → ~을(를) 만나 뵙는다(겸양어)

(あなたが)お待ちになる → 기다리신다(존경어)
(わたしが)お待ちする → 기다린다(겸양어)

위에서 보듯이, 상대방의 동작(위 예문의 경우는 あなた)은 높이고 말하는 자신의 동작(위 예문의 경우는 わたし)은 철저히 낮춘다. 다만, 「お待ちする」의 경우, 우리말에는 그에 해당되는 겸양어가 없는 점에 근본적인 양국어 경어체계의 차이가 엿보인다.

이하, 기본적인 동사의 존경어와 겸양어를 열거해 둔다.

普通語	尊敬語	謙譲語
いる	いらっしゃる、おいでになる	おる
する	なさる	いたす
行く	いらっしゃる	参る
来る	お見えになる、お越しになる	参る
会う	お会いになる	お目にかかる
見る	ご覧になる	拝見する
見せる	お見せになる	お見せする、お目にかける
言う	おっしゃる	申す、申し上げる
聞く	お聞きになる	うかがう、うけたまわる
知っている	ご存じである	存じている
持っていく	お持ちになる	持参する
食べる	召し上がる	いただく
もらう	お受けになる	いただく、頂戴する
くれる	くださる	差し上げる
思う	お思いになる	存じる
待つ	お待ちになる	お待ちする

(2) 호감을 줄 수 있는 각종표현

원활한 인간관계를 구축하고 유지해 나가는 과정에서 말씨만큼 중요한 것도 없을 것이다. 일상생활에서 타인으로부터 호의적인 언사를 받았거나 뜻하지 않게 실수를 했을 때, 또는 무언가를 부탁하거나 신세를 졌을 때, 즉석에서 세련되고 함축성 있는 표현으로 마무리를 잘 지어야 한다. 다음에 열거한 표현들은 그 대표적인 것들인데, 모두가 매우 정중한 표현일 뿐만 아니라 실제의 사용빈도수도 매우 높으므로 가능하면 표현자체를 단어 암기하듯이 체득해 두는 것이 바람직할 것이다. 말할 것도 없이 모든 것이 실제 상황에서 요긴하게 쓰일만한 것들뿐이기 때문이다.

1) 각 장면별로 요긴하게 쓰일 수 있는 표현

① 무언가를 부탁할 때

大変(たいへん)恐(おそ)れ入(い)りますが、(대단히 송구스럽습니다만)

「恐れ入ります」는 감사, 사과, 의뢰 등을 나타내는 정중어인데, 상위자로부터 호의적인 처우를 받았을 때 그에 대한 감사의 뜻으로 쓸 수 있고, 또한 자신이 어떠한 실수를 저질렀을 때에도 그에 대한 사과의 뜻으로도 쓸 수 있으며, 무언가를 부탁할 때 서두에도 쓸 수 있다. 표제어는 상대방에게 무언가를 부탁할 경우에 서두에 쓸 수 있는 정중한 표현이다.

突然(とつぜん)のお願(ねが)いで誠(まこと)に恐縮(きょうしゅく)ですが、

(갑작스런 부탁을 드려서 대단히 송구스럽습니다만)

「恐縮」는 '황송한 나머지 몸이 쪼그라질 정도'라는 뜻에서 나온 겸양어이다. 「お心づかい恐縮に存じます(신경써주셔서 감사하게 생각합니다)」와 같이 감사표현으로 쓰일 때와, 「お手数(てすう)をかけまして恐縮です(수고를 끼쳐서 송구스럽습니다)」와 같이

사과표현으로 쓰일 때가 있다. 표제어는 상대방에게 무언가를 갑작스럽게 부탁할 경우에 서두에 쓸 수 있는 정중한 표현이다.

✎ 折り入ってご相談があるのですが、

(긴히 의논드릴 것이 있습니다만)

「折り入って」는 남에게 무언가를 부탁할 때에 서두에 쓰이는 말로서, '긴히, 각별히'라는 의미를 나타내는 부사이다. 또한, 「ご相談」의 「ご」는 존경의 접두어가 아닌 정중함을 나타내는 접두어로 쓰였다. 표제어는 상대방에게 무언가를 의논하고자 할 때 서두에 쓸 수 있는 정중한 표현이다.

✎ お手を煩わせて申し訳ありませんが、

(번거롭게 해서 죄송합니다만)

「煩う」는 '어떻게 해야 할지 고심하다'는 뜻을 나타내는 동사인데, 여기에다 사역을 나타내는 조동사 「せる」를 접속시킨 「お手を煩わせる」의 형태로서 '상대방을 번거롭게 하다'는 뜻으로 쓰인다. 표제어는 상대방에게 무언가를 부탁할 경우에 서두에 쓸 수 있는 정중한 표현이다.

✎ もしお差し支えなければ、(혹시 지장이 없으시다면)

「差し支え」는 '지장'이라는 뜻을 나타내는 말로서, 「差し支えない(지장 없다)」와 같이 쓰인다. 여기에 존경의 접두어 「お」를

어두에 배치하여 보다 정중함을 나타내고 있다. 표제어는 상대방에게 무언가 의논하거나 부탁하고자 할 때 서두에 쓸 수 있는 정중한 표현이다.

お疲れのところ、恐縮ですが、
(피곤하실 텐데 죄송합니다만)

「お疲れのところ」는 동사 「疲れる(피곤하다, 지치다)」의 연용형인 「疲れ」의 앞에 존경의 접두어 「お」를 접속한 것이며, 「のところ」는 상황을 나타내는 말이다. 또한 「恐縮です」는 매우 정중한 사과를 나타내는 말인데, 표제어는 상대방이 다소 번거롭게 생각할만한 내용을 부탁할 때에 쓸 수 있는 표현이다.

朝早く、おそれいりますが、(아침 일찍, 죄송합니다만)

「早く」는 형용사 「早い」의 연용형이며, 「おそれいります」는 보다 정중하게 사과할 때에 쓰이는 말이다. 표제어는 비교적 이른 시간에 상대방에게 무언가를 부탁할 때에 쓸 수 있는 표현이다.

ご面倒をおかけしますが、(폐를 끼치게 됩니다만)

「面倒」는 '성가심, 귀찮음'을 나타내는 말로 「面倒をかける」의 형태로서 상대방에게 폐를 끼친다는 뜻으로 쓰인다. 이를 보다 정중하게 표현하기 위하여 「面倒(めんどう)」의 앞에는 접두어 「ご」를 붙이고, 동사 「かける」는 겸양어형식인 「おかけする」로 나타내는데, 표제어는 상대방에게 다소 번거로운 내용을 부탁할 때에 쓸 수 있는 표현이다.

② 소개하거나 받았을 때

ご紹介(しょうかい)します。こちらはいつもお話(はな)し申(もう)し上(あ)げています00さんです。

(소개하겠습니다. 이쪽은 늘 말씀드렸던 00씨입니다)

「お話し申し上げています」는 겸양어형식 「お+동사연용형+する」보다 훨씬 정중도가 높은 형식으로, 「お話しする」→「お話し致す」→「お話し申し上げる」의 순으로 경어도가 높아지게 된다. 아울러, 「お話し申し上げています」의 「います」는 「いる」를 보다 정중하게 나타내는 것으로 이 상태로 뒤에 오는 명사를 수식하게 된다. 표제어는 누군가를 소개할 때 서두에 쓸 수 있는 정중한 표현이다.

ご紹介(しょうかい)します。こちらは私がいつもお世話(せわ)になっております00さんです。

(소개하겠습니다. 이쪽은 제가 늘 신세지고 있는 00씨입니다)

「お世話(せわ)になる」는 '신세를 지다'는 뜻인데, 「お世話(せわ)になっております」의 형태로 뒤에 오는 명사를 수식하고 있다. 「おります」는 「います」보다 더 정중한 말로서, 표제어는 누군가를 소개할

때 서두에 쓸 수 있는 정중한 표현이다. 이 경우, 실제로 신세를 졌나의 여부는 아무런 상관도 없이, 정형적으로 이러한 표현으로 소개를 하곤 한다.

はじめまして。00と申します。お名前はかねがね承(うけたまわ)っておりました。

(처음 뵙겠습니다. 00라고 합니다. 존함은 전부터 익히 들었습니다)

「かねがね」는 '전부터'라는 뜻이며, 「承る」는 「聞く、引き受ける((일 등을)떠맡다)」에 대한 겸양어동사이다. 표제어는 누군가를 소개받았을 때 서두에 쓸 수 있는 정중한 표현으로 위와 같이 인사함으로서 상대방으로부터 호감을 살 수 있을 것이고, 이러한 호감은 지속적인 교류에도 도움이 될 것이다.

③ 사과를 할 때

気がつきませんで失礼しました。(미처 몰라서 실례했습니다)

「気がつく」는 '눈치 채다, 알아차리다'의 의미로 쓰이는 관용구이다. 표제어는 상대방에 대한 배려가 불충분했음을 알게 되거나 느끼게 되었을 때, 그에 대한 가벼운 사과의 뜻으로 쓸 수 있는 정중한 표현이다.

いたりませんで、大変申し訳ありません

(충분치 못하여 대단히 죄송합니다)

「いたる」는 '도달하다, 다다르다'는 뜻의 동사인데, 「いたりませんで」의 형태로 충분치 못하였음을 나타내게 된다. 표제어역

시 상대방에 대한 배려가 불충분했음을 알게 되거나 느끼게 되었을 때, 그에 대한 가벼운 사과의 뜻으로 쓸 수 있는 정중한 표현이다.

✎ 少しも気づきませんでした。お恥ずかしい次第です。

(조금도 몰랐습니다. 부끄러울 따름입니다)

「気づく」는 '눈치 채다, 알아차리다'는 뜻의 동사이며, 「お恥ずかしい」의 접두어 「お」는 존경이 아니라 단지 정중함을 나타내는 것이다. 또한, 「次第です」는 '따름 입니다'에 해당되는 말인데, 전반적으로 표제어는 상대방에 대한 배려가 불충분했음을 알게 되거나 느끼게 되었을 때, 그에 대한 깊은 사과의 뜻으로 쓸 수 있는 정중한 표현이다.

✎ 私の不注意でした。お詫びの仕様もありません。

(저의 부주의였습니다. 사과드릴 방법도 없습니다)

「仕様」는 방법을 나타내는 말로서, 「～の仕様もない」 형태로 '～할 방법도 없다. ～할 도리도 없다'의 뜻을 나타낸다. 즉, 위의 표현은 '자신의 부주의가 너무나도 잘못된 나머지 사과드릴 방법도 없다'는 극단적인 문구를 사용함으로서 최대한의 사과 표현을 나타내고 있는 셈이다.

✎ 二度とこのような事のないよう注意致します。

(두 번 다시 이와 같은 일이 없도록 주의하겠습니다)

「二度と」는 '두 번 다시'에 해당되는 말이고, 「事の」의 「の」는 주격조사 「が」의 대용으로 쓰였으며, 「致す」는 「する」에 대한 겸양어동사로 쓰였다. 표제어는 자신의 부주의나 잘못을 사과하고, 재발의 방지를 정중하게 약속할 때에 쓸 수 있는 정중한 표현이다.

直ちに改めますのでご容赦ください。

(당장 고치겠으니 용서해 주십시오)

접속조사 「ので」를 씀으로서 정중도가 올라가 있으며, '용서'를 「ご+한자어+ください」의 존경어형식에 적용함으로써 한층 경어도를 높이고 있다. 이 역시, 자신의 부주의나 잘못을 사과할 때에 쓸 수 있는 정중한 표현이다.

これ以上ご迷惑をおかけすることのないよう、さっそく手配致します。

(이 이상 폐를 끼치는 일이 없도록 곧바로 조치하겠습니다)

「ご迷惑をかける」는 '폐를 끼치다'의 뜻인데, 「かける」를 겸양어형식인「お+동사연용형+する」에 적용함으로서 보다 정중도를 높이고 있다. 한편, 「手配」는 '조치, 준비'의 뜻이며, 「致す」는 「する」에 대한 겸양어동사다. 표제어는 상대방에게 어떠한 폐를 끼치게 되었을 때, 그 에 대한 사과의 뜻으로 쓸 수 있는 정중한 표현이다.

お忙しいのにご足労をかけて申し訳ありません。

(바쁘실 텐데 일부러 오시게 해서 죄송합니다)

「お忙しい」의 접두어 「お」는 존경의 뜻을 나타내는 것이며, 「ご足労」는 상대방이 일부러 와주거나 가주는 행위를 높여서 표현하는 것으로 「ご足労をかける」와 같이 쓰인다. 표제어는 상대방이 자신을 위하여 일부러 와 주었거나 가주었을 때, 그에 대한 사과와 더불어 고마움의 표시로 쓸 수 있는 정중한 표현이다.

わざわざおいでいただいたのに無駄足を踏ませたことになり、申し訳ありません。

(일부러 와주셨는데 헛걸음을 하시게 해서 죄송합니다)

「おいでいただく」는 '와주시다'의 의미를 나타내는 존경어표현이며, 「無駄足を踏む」는 '헛걸음치다'의 의미이다. 표제어는 상대방이 일부러 시간을 내어 와주었지만 결과적으로 헛걸음이 되었을 때, 그에 대한 사과의 표현으로 쓸 수 있는 정중한 표현이다.

何一つ行き届きませんで誠に申し訳ありません。

(뭐하나 변변히 접대하지(안내하지)못하여 대단히 송구스럽습니다)

「行き届く」는 '세심한 배려를 하다'의 뜻으로 쓰이는 동사로, 「世話が行き届く(충분히 보살피다)」와 같이 쓰인다. 표제어는

상대방을 안내하거나 접대한 후, 겸손차원에서 쓸 수 있는 정중한 표현이다.

✎ 思わぬご散財(さんざい)をおかけしてしまい申し訳ありませんでした。

(뜻하지 않게 돈을 쓰시게 하고 말아서 죄송했습니다)

「思わぬ」는 '뜻하지 않은'의 뜻을 지닌 말이며, 「散財」는 '놀이, 음식 등에 돈을 많이 씀'을 나타내는 말인데, 「散財をかける」의 형태로 '돈을 쓰게 하다'의 의미를 나타낸다. 여기에서는 「散財」앞에 존경의 접두어 「ご」를 접속시켰고, 아울러 「かける」에 「お+동사연용형+する」라는 겸양어형식을 적용시킴으로서 보다 정중도를 높이고 있다. 표제어는 상대방으로부터 일방적인 접대를 받았을 때, 그에 대한 사과와 더불어 감사의 뜻으로 쓸 수 있는 정중한 표현이다.

④ 초대나 권유를 거절할 때

✎ せっかくお誘(さそ)いをいただきましたが、どうしても外せない用事が出来てしまいました。本当に申し訳ありません。次の機会ぜひよろしくお願い致します。

(모처럼 불러주셨습니다만, 도저히 빠뜨릴 수 없는 일이 생기고 말았습니다. 정말로 죄송합니다. 다음 기회에 꼭 불러주시기 바랍니다)

상대방이 호의적으로 자신을 위하여 무언가를 권유했으나 부득이한 사정으로 그에 응할 수 없을 때는 무엇보다도 정중한

거절표현이 중요하다. 「お誘いをいただく」는 '권해주시다, 불러주시다'정도의 뜻이며, 「外す」는 '제외시키다, 벗어나게 하다' 정도의 뜻으로 여기서는 「外す」의 가능동사 「外せる」가 사용되고 있다.

✐ せっかくのご好意を無(む)にして申し訳ありませんが、前々からの約束がありまして、外す訳にはいきません。残念ですがお許しください。
(모처럼의 호의를 헛되게 해서 죄송합니다만, 진작에 해놓은 약속이 있어서 돌릴 수가 없습니다. 유감스럽습니다만 용서하여 주십시오)

「ご好意を無にする」는 '호의를 헛되게 하다, 호의를 저버리다' 정도의 뜻이며, 「外す」는 '제외시키다' 정도의 뜻으로 쓰였다. 한편, 「お許しください」는 동사 「許す」가 존경어형식인 「お+동사연용형+ください」의 적용을 받은 것이다. 따라서 표제어역시 상대방으로부터 뭔가를 호의적으로 권유받았으나 부득이한 사정으로 그에 응할 수 없을 때 쓸 수 있는 매우 정중한 거절표현인 셈이다.

⑤ 선물을 증정할 때

✐ ささやかなお祝いのつもりです。どうぞお受け取りください。
(보잘 것 없는 축하선물입니다. 자, 받아주십시오)

「ささやかな」는 '보잘 것 없는' 정도의 뜻이며, 「お祝い」는 '축하' 의 뜻으로 쓰였다. 한편, 「お受け取りください」는 동사 「受け

取る」가 존경어형식인 「お+동사연용형+ください」의 적용을 받은 것이다. 결국, 표제어는 상대방에게 선물을 증정하면서 겸손하게 쓸 수 있는 정중한 표현이다.

✐ お荷物になると思いますが、ここの名物でございます。
どうぞ、お受けください。
(짐이 되시겠습니다만, 이곳의 명물입니다. 받아주십시오)

「でございます」는 「です」보다 정중한 표현이며, 「お受けください」는 동사「受ける」가 존경어형식인 「お+동사연용형+ください」의 적용을 받은 것이다. 결국, 표제어는 상대방에게 선물을 증정하면서 겸손하게 쓸 수 있는 정중한 표현이다.

✐ みんなの気持ちです。どうぞお受けください。
(모두의 기분입니다. 자 받아주십시오)

이 표제어는 여러 사람의 이름으로 상대방에게 선물을 증정할 때에 쓸 수 있는 정중한 표현이다.

✐ うちの製品で、失礼と存じますが、どうぞおためしください。
(저희 회사 제품이어서 실례가 되겠습니다만, 한번 써봐 주십시오)

「存じます」는 말하는 사람의 생각을 겸손하게 표현한 동사이며, 「ためす」는 '한번 써본다'는 뜻으로 널리 쓰이는 동사이다. 표제어는 상대방에게 자사제품을 선물로 증정할 때에 쓸 수 있는 정중한 표현이다.

⑥ 기다리게 했을 때

✐ 大変お待たせ致しました。(오래 기다리시게 했습니다)

「お待たせ致しました」는 동사「待つ」의 사역형인「待たせる」를 겸양어형식인「お+동사연용형+致す」에 적용하여 정중도를 높인 표현이다. 누군가를 다소 기다리게 했을 때 쓸 수 있는 정중한 표현이다.

✐ お待たせして、申し訳ありません。
(기다리시게 해서 죄송합니다)

「お待たせして」는 동사 待つ의 사역형인 待たせる를 겸양어형식인「お+동사연용형+する」에 적용하여 정중도를 높인 표현이다. 이 표제어역시 누군가를 기다리게 했을 때 쓸 수 있는 정중한 표현이다.

⑦ 기다리게 할 때

✐ しばらくお待ちくださいませんでしょうか。
(잠시 기다려 주시겠습니까)

존경어형식인「お待ちください」에「ませんでしょうか」를 접속함으로서 최고로 정중한 표현이 되었는데, 표제어는 누군가에게 기다려 줄 것을 부탁할 때 쓸 수 있는 정중한 표현이다.

✐ しばらくお待ちくださいますよう、お願(ねが)いいたします。

(잠시 기다려 주시길 부탁드립니다)

존경어형식인「お待ちください」에「ますよう」를 접속하였고,「願う」를 겸양어형식인「お+동사연용형+いたす」에 적용함으로서 보다 정중도를 높인 표현이다. 이 표제어역시 누군가에게 기다려 줄 것을 부탁할 때 쓸 수 있는 정중한 표현이다.

⑧ 결혼을 축하할 때

ご結婚、心よりお祝い申し上げます。

(결혼, 진심으로 축하 말씀 드립니다)

「結婚」의 앞에 존경의 접두어「ご」를 접속하였고, 최고의 겸양어형식인「お+동사연용형+申し上げる」에 동사「祝う」를 적용하여 정중도를 최대한 높인 표현이다. 표제어는 결혼한 당사자에게 축하인사를 할 때에 쓸 수 있는 정중한 표현이다.

とてもお幸(しあわ)せそうで私たちも心(こころ)から喜(よろこ)んでいます。

(무척 행복하신 것 같아서 저희들도 진심으로 기뻐하고 있습니다)

「お幸せそうで」는 형용동사「幸せだ」의 어간인「幸せ」에 양태의 조동사「そうで」를 접속하고 그 앞에는 존경의 접두어「お」를 접속한 것이다. 표제어역시 결혼한 당사자에게 축하인사를 할 때에 쓸 수 있는 정중한 표현이다.

⑨ 멀리서 온 사람에 대하여

遠い所をわざわざお運びいただいて、ありがとうございました。

(멀리서 일부러 와주셔서 감사했습니다)

「お運びいただいて」는 동사「運ぶ(걸음을 옮기다)」를 겸양어 형식인「お+동사연용형+いただく」에 적용하여 정중도를 높인 표현이다. 표제어는 멀리서 찾아온 손님에 대하여 감사인사를 할 때에 쓸 수 있는 정중한 표현이다.

✐ ご遠路(えんろ)はるばるおいでいただき、恐縮(きょうしゅく)でした。

(먼 길을 와주셔서 송구스럽습니다)

'먼 길'이라는 뜻의「遠路」에 존경의 접두어「ご」를 접속하였고, '나오다'는 뜻의 문어체동사「いづ」를 겸양어형식인「お+동사연용형+いただく」에 적용하여「おいでいただき」를 만들어서 정중도를 최대한 높였으며, 또한, '송구스럽다'는 뜻의「恐縮」도 사용하고 있는 지극히 정중한 표현이다. 표제어역시 멀리서 찾아온 손님에 대하여 감사인사를 할 때에 쓸 수 있는 정중한 표현이다.

⑩ 병문안을 할 때

✐ ご病気と伺(うかが)ってお見舞(みま)いにあがりました。いかがでしょうか。

(편찮으시다는 말씀을 듣고 병문안하러 찾아뵈었습니다. 어떠하십니까?)

「病気」에 존경의 접두어「ご」를 접속하였고, '전해 듣다'는 뜻의 겸양어동사「伺う」를 사용하였으며, '찾아가다'는 뜻의 겸양어동사「あがる」를 사용하는 등, 매우 정중한 표현을 쓰고 있다. 표제어는 누군가의 병문안에 쓸 수 있는 정중한 표현이다.

これはお見舞いのしるしですが、どうぞおうけとりください。

(이것은 병문안에 갖고 온 겁니다만 받아 주십시오)

'병문안'을 뜻하는 「見まい」에 존경의 접두어 「お」를 접속하였고, 「しるし」는 '표시'라는 뜻인데 보통 자신이 갖고 온 선물을 겸손하게 표현할 때에 쓰인다. 표제어는 누군가의 병문안을 가서 지참한 물건을 겸손하게 나타낼 때 쓸 수 있는 정중한 표현이다.

⑪ 문상을 할 때

ご愁傷様です。ご冥福をお祈りいたします。

(삼가 조의를 표합니다. 명복을 빕니다)

「ご愁傷様です」는 사람이 죽었을 때 문상하는 정형적인 위로표현이고, 「冥福」앞에는 존경의 접두어 「ご」를 접속하였으며, 동사 「祈る」를 겸양어형식인 「お+동사연용형+いたす」에 적용함으로서 정중도를 최대한 높인 표현이다. 표제어는 문상을 가서 쓸 수 있는 정중한 표현이다.

謹んでお悔やみ申し上げます。(삼가 조의말씀 드립니다)

「謹んで」는 '삼가'에 해당되는 말이고, 사람의 죽음을 애통해한다는 뜻의 동사 「悔やむ」를 최고로 정중한 겸양어형식인 「お+동사연용형+申し上げる」에 적용함으로서 정중도를 최대한 높인 표현이다. 표제어역시 문상을 가서 쓸 수 있는 정중한 표현이다.

⑫ 초대에 대한 감사표시를 할 때

✏ お招(まね)きにあずかりまして、大変ありがとうございます。

(초대해주셔서 대단히 감사합니다)

「あずかる」는 상위자로부터 무언가 호의 같은 것을 받게 될 때 정중하게 쓸 수 있는 동사로, 「お+동사연용형+あずかる」의 형태로 겸양표현이 된다. 예를 들어, 상위자로부터 칭찬을 받았을 때, 「おほめにあずかりまして(칭찬을 해 주셔서)」와 같이 쓸 수 있다. 표제어는 누군가로부터 초대를 받았을 때 그에 대한 감사인사로 쓸 수 있는 정중한 표현이다.

⑬ 음식을 권유할 때

✏ お口にあうかどうかわかりませんが、どうぞ、召(め)し上がってください。

(입에 맞으실지 어떨지 모르겠습니다만 드십시오)

「口」에 존경의 접두어 「お」를 접속하였고, 경어동사 「召し上がる(드시다, 잡수시다)」를 사용함으로서 정중도를 높인 표현이다. 표제어는 음식을 권유할 때 쓸 수 있는 정중한 표현이다.

⑭ 지속적인 교류를 기약할 때

✏ これに懲(こ)りず、ぜひまたお声をおかけください。

(이번으로 그치지 말고 앞으로도 계속해서 꼭 연락 주십시오)

「懲(こ)りる」는 '질리다'는 뜻인데, 「これに懲(こ)りず」로 '앞으로도 변함없이'의 뜻을 나타낸다. 또한, 「声をかける」는 '말을 걸다', 즉, '부르다, 연락하다'의 뜻을 나타내는 관용구인데, 「かける」를 존경어형식인 「お+동사연용형+ください」에 적용함으로서 정중도를 높인 표현이다. 표제어는 상대방과의 지속적인 교류를 기약하고자 할 때 쓸 수 있는 정중한 표현이다.

⑮ 정식으로 방문할 것을 기약할 때

いずれ改(あらた)めましてお礼に伺(うかが)わせていただきます。

(언젠가 정식으로 인사드리러 찾아뵙겠습니다)

「改めまして」는 '정식으로, 새롭게'라는 뜻을 나타내는 말이며, 「伺う」는 '찾아뵙다'는 뜻으로 쓰이는 겸양어동사이다. 이 「伺う」에 「～せていただく」라는 겸양어형식을 적용한 것이 위의 표현이다. 표제어는 상대방에게 인사차 정식으로 한번 방문할 것을 정중하게 표현할 때 쓸 수 있는 표현이다.

⑯ 신제품을 발표할 때

本日(ほんじつ)はおいそがしい中を、ご出席くださいましてありがとうございました。どうぞごゆっくりご覧ください。

(오늘은 바쁘신 가운데 와주셔서 감사했습니다. 자, 천천히 봐주십시오)

「本日」는 '금일'에 해당되는 말이며, 형용사 「忙しい」앞에는 존경의 접두어 「お」를 접속하여 정중도를 높였다. 또한, 「出席」를 존경어형식인 「ご+한자어+くださる」에 적용하였고, 부사 「ゆっくり」의 앞에 존경의 접두어 「ご」를 접속하였으며, '봐 주십시오'를 정중하게 표현한 「ご覧ください」를 사용함으로서 매우 정중도를 높인 표현이다. 표제어는 신제품을 소개하거나 발표할 때 쓸 수 있는 정중한 표현이다.

⑰ **신임인사를 할 때**

✎ この度(たび)、00にかわりまして、新しく着任いたしました00でございます。なにぶんはじめての仕事でございますので、いろいろお教えいただきたいと存じます。よろしくお願いいたします。

(이번에 00의 후임으로 새로 온 00입니다. 아무래도 처음 맡는 일이므로 여러 가지로 가르침을 받고자 합니다.
잘 부탁드립니다)

「この度」는 '이번에'라는 뜻을 나타내는 정중어이고, 「でございます」는 「です」에 대한 정중어이다. 또한, 동사 「教える」를 겸양어형식인 「お+동사연용형+いただく」에 적용하여 정중도를 높였고, 「思う」에 대한 정중어인 「存じる」를 쓰는 등, 여러 면에서 정중도가 높아진 표현이다. 표제어는 새로운 근무지에 도착하여 인사말을 할 때 쓸 수 있는 정중한 표현이다.

⑱ **전임인사를 할 때**

✐ 長い間お世話になり、ありがとうございました。せっかく親しくさせていただいたのですが、残念ながら、この度(たび)00へ転任することになりました。いろいろごめんどうをかけて、申し訳ありませんでした。

(오랫동안 돌봐주셔서 감사했습니다. 모처럼 친하게 지낼 수 있었습니다만, 유감스럽게도 이번에 00로 전임하게 되었습니다. 여러 가지로 폐를 끼쳐서 죄송하게 되었습니다)

「めんどう」의 앞에 접두어「ご」를 접속하였고,「申し訳」를 사용하여 정중도가 높아진 표현이다. 표제어는 근무하던 곳을 떠나 다른 곳으로 전근을 갈 때 인사말로서 쓸 수 있는 정중한 표현이다.

2) 정중치 못한 표현과 정중한 표현

각 장면별로 정중치 못한 표현과 정중한 표현을 한눈에 비교해 볼 수 있도록 열거해 놓는다. 이제까지 체득한 경어지식을 바탕으로 하나씩 음미하여 보기 바란다.

장 면	정중치 못한 표현	정중한 표현
(손님을 기다리게 할 때)	ちょっと待ってください	少々、お待ちください
(무언가를 해 줄 것을 부탁할 때)	~してくれませんか	~してくださいませんでしょうか
		~していただけませんでしょうか
(다시 올 것을 부탁할 때)	もう一度、来てください	もう一度、 おいでいただけませんか
(호출할 때)	だれを呼ぶんですか	だれをお呼びいたしましょうか
(부재중임을 알릴 때)	今、席にいません	ただ今、席をはずしております
(안내할 때)	どうぞあがってください	どうぞ、おあがりください
(전달할 때)	言っておきます	申し伝えます
(전화를 부탁할 때)	また電話してくれませんか	のちほど、 電話をしていただけませんか
(도착을 알릴 때)	今すぐ来ます	ただいま、すぐ参ります
(이름을 물을 때)	名前は、 なんというのでしょうか	お名前は、 なんとおっしゃるのでしょうか
(올 것을 부탁할 때)	来てください	おいでください
(독촉할 때)	早くしてください	お早くお願いいたします
(기다리게 했을 때)	お待ちどおさま	たいへん、お待たせ致しました。
(잔돈을 확인할 때)	こまかいお金はありません か	こまかいお金は、 もちあわせありませんか
(권유할 때)	ほかのを見てください	ほかのを、ご覧ください
(부재중임을 알릴 때)	今、外へ行っています	ただ今、外出中でございます
	今、るすです	ただ今、不在でございます
(바쁜 중임을 알릴 때)	手が離せません	手がふさがっております

(손님의 도착을 알릴 때)	お客が来ています	お客様がお見えになっていらっしゃいます
(식사중임을 알릴 때)	食事に行っています	食事中でございます
(전화중임을 알릴 때)	電話をかけています	ほかの電話に出ております
(행선지를 물을 때)	どこへ行くんですか	どちらへお出でになりますか
(길 안내를 할 때)	ここを、まっすぐ行ってください	ここを、まっすぐお出でになってください
(용건을 물을 때)	なんでしょうか	どんなご用でしょうか
(자신의 생각을 말할 때)	こう思います	このように存じております
(부탁할 때)	頼みます	お願い致します
(잘 모를 때)	知りませんが	存じませんが
(어떠한 사항을 부정할 때)	そんなことないです	そのようなことはございません
(시간이 걸림을 알릴 때)	もうちょっとかかります	もうしばらくかかります

3) 자주 틀리는 경어의 사용 예

장면별로 틀린 예와 이것을 올바르게 고친 예를 한눈에 비교해 볼 수 있도록 열거해 놓는다. 하나씩 심도 있게 음미함으로써 일본어경어를 보다 정교하게 체득하기 바란다.

틀린 예	올바른 예
人事課長はおりますか	人事課長はいらっしゃいますか
父も「よろしく」とおっしゃってました	父も「よろしく」と申しておりました
もう一度申していただけませんか	もう一度おっしゃっていただけませんか
いろいろお聞きになりたいのですが	いろいろおうかがいしたいのですが

私にうかがってください	私にお尋ね下さい
私の話を拝聴していただきたいと思います	私の話をお聞きいただきたいと思います
私の書類は拝見されましたでしょうか	私の書類はごらんになりましたでしょうか
明日お行きしてもいいでしょうか	明日おうかがいしてもよろしいでしょうか
人事課長には昨日お会いになりました	人事課長には昨日お目にかかりました
入社案内をくださいませんでしょうか	入社案内をいただけませんでしょうか
御社から連絡がまいりました	御社からご連絡をいただきました
私の手紙は届いていらっしゃいますか	私の手紙は届いておりますでしょうか
どうぞいただいてください	どうぞお受け取りください

4) 맞장구를 치는 요령

상대방과의 대화를 원만하게 진행해 나가는 과정에서 맞장구는 매우 중요한 역할을 하여, 전반적으로 대화를 촉진하는 촉매와 같은 작용을 하게 된다. 맞장구는 때로는 동의를 표하기도 하고, 때로는 약간의 의문을 표시하기도 하며, 때로는 자신의 의견을 곁들이는 등의 형태를 통하여 이루어지게 된다. 여기에서는 일본어에서 활발하게 사용되는 대표적인 맞장구의 형태를 열거하여 놓기로 한다.

A. 단지 동의를 나타낸다.

「おっしゃる通りです」「さようでございますか」「その通りです」
「かしこまりました」「そうですね」「ハー、ハー」「なるほど」「エー」
「ウン」

B. 다른 표현으로 바꿔서 동의를 나타낸다.

「暑くなりましたね」「やはり五月ですね」

C. 이야기의 진행을 돕는다.

「それで」「どうなりました」「それから」

D. 의문을 던진다.

「ほんとうですか」「そうですか」「そうだったんですか」

「そんなことがあるんですか」

E. 자신의 의견을 곁들인다.

「私もそう思います」「それは当然だと思います」

F. 약간의 놀라움을 나타낸다.

「まあーすてき」「ワア、すごい」

G. 상대방의 말을 그대로 따라한다. 예를 들어, 상대가, 「今朝九時の列車に乗りましてね」라고 했을 때, 「今朝九時の列車でねえ」하는 식으로 맞장구를 치는 것이다.

(3) 장면별 경어사용법

이상에서 우리는 경어의 기본체계에 대하여 살펴보았다. 이제부터는 경어사용의 기본이 되는 각종 인사말과 호칭, 그리고 실제 상황에서의 각종표현에 대하여 학습하기로 한다. 편의상 존경어, 겸양어, 정중어로 나누어 서술해 나가기로 하는 바, 여기서 편의상이란 표현을 쓴 것은 이 세 가지의 영역이 확실하게 구분되지 않는 경우가 있기 때문이다. 이하, 예시하는 표제들은 오용이거나 부적절한 경우이며, 이것을 하나하나 그 원인의 분석과 함께 수정안을 제시하는 식으로 서술해 나가기로 한다. 아울러, 필요에 따라서는 우리말의 경우와도 비교함으로써 보다 정교하고 예의바른 우리말의 경우도 함께 생각해 보고자 한다.

1) 존경어 부

상위자에게

1. 「この問題ができますか」라는 가능표현을 쓴다면?

경어사용에 있어서 항상 주의하여야 할 것은 아랫사람의 입장에서 상위자의 능력정도를 확인하는 듯한 인상을 주는 표현은 적극적으로 삼가야 한다는 것이다. 왜냐하면, 어떠한 경우에도 아랫사람이 상위자의 능력소지여부를 확인한다는 것은 실례가 되기 때문이다. 표제의 「この問題ができますか」를 상위자에게 쓸 경우, 이는 상대방의 능력여부를 확인한다고 하는 인상을 줄뿐만 아니라, 경우에 따라서는 상대방능력을 의심하거나 부정한다고 하는 인상을 줄 수도 있게 된다. 역시, 상위자에게는 「この問題がおわかりでしょうか」정도의 표현이 무난할 것이다. 아울러, 동사 「わかる」의 대상을 나타내는 말에는 항상 조사 「が」가 접속됨에 주의하여야 한다.

예 犯人がわかる、テストの結果がわかる、現代音楽がわからない、外国語がわからない。

한편, 우리말에서도 종종 무언가를 상위자에게 설명하고 나서 '아시겠습니까?'라고 확인하는 경우를 볼 수 있는데, 이렇게 되면, 마치 무언가를 훈계하고 있는 것 같은 어감이 주어질 수 있으며, 경우에 따라서는 상위자의 이해능력을 의심하는 꼴이 될 수도 있으므로 이 역시 예의에서 벗어난 말투로 보아야 한다. 이 경우에는 다양한 대체표현이 있을 수 있겠으나, 우선은 '이만하면 설명이 충분하시겠습니까?' 또는 '제 설명, 이 정도면 되시겠습니까?'정도의 표현이 무난하지 않을까 생각된다. 어쨌든, 기본적으로 아랫사람이 상위자의 이해능력을 확인하거나 의심하는 것 같은 인상을 줄 수 있는 표현은 되도록 삼가하도록 하며, 그 장면에 알맞은 다른 대체표현을 충분히 생각해 두는 것이 좋을 것이다.

상위자에게

2.「すでにご覧になっているかも知れませんが」라고 한다면?

위 표제의 경우, 상대방의 동작이나 상태를 나타내는 술어로는「ご覧になる」「いる」의 두 가지가 사용되고 있다. 이러한 경우 두 가지의 술어를 다 경어화하여「ご覧になっていらっしゃる」라고 하게 되면 다소 진부한 경어가 되고 만다. 이러한 경우에는 앞의 경어는 생략하고 문 말의 경어만을 살리는 것이 바람직하다. 우리말의 '회의를 주재하시고 계신다'의 경우, 얼핏 보기에 매우 정중한 듯하지만, 이 역시 매우 진부한 표현이 된다. 이러한 경우에는 문말의 술어만 경어화하여 '회의를 주재하고 계신다'로 하는 편이 보다 간결하고 세련된 경어가 된다. 일본어의 경우도 마찬가지여서, 「社長はお車でいらっしゃる」는 이중경어가 되며, 「社長は車でいらっしゃる」로 표현하는 것이 좋다. 또한, 문중의 표현을 경어화하고 문말의 표현을 경어화하지 않는 경우가 종종 있는데, 이 또한 경어원칙에서 벗어나는 잘못된 표현임을 잊지 말아야 한다. 예를 들어, 「すでにご覧になっているかも知れませんが」、「予(あらかじ)め連絡なさって行くといいでしょう」와 같은 표현은 경어가 도치되어 매우 불안정한 표현이 된다. 이 경우에도, 「すでに見ていらっしゃるかも知れませんが」「予(あらかじ)め連絡していらっしゃるといいでしょう」와 같이 문말의 표현만을 경어화하는 것이 좋다. 결국, 경어원칙에서 볼 때, 하나의 문에서는 문말의 표현만을 경어화하면 앞부분은 자동으로 경어화된다고 생각하는 것이 바람직할 것이다.

관용구표현에서

3. 「道草(みちくさ)を食べる」라고 한다면?

결론부터 말하자면, 成句、慣用句는 일단 미화의 대상에서 제외되는 것으로 생각하는 것이 좋다. 다시 말해서, 아무리 점

잖지 못한 표현일지라도 그대로 쓰는 것이 원칙이다. 부실한 상품을 아무리 예쁘게 포장한다고 해도 그것이 좋은 상품으로 바뀌지는 않는 법이다. 따라서 다소 품격이 떨어지는 내용의 관용구는 어차피 경어화할 수가 없으니 만큼, 상위자에게는 사용하지 않는 것이 좋을 것이다. 또한 품격이라는 점에서는 마이너스도 플러스도 아닌 말이나, 상대방이 들어서 유쾌하지 못할 표현도 경어화하지 않는 것이 원칙이다. 예를 들어 우리말의 '도망가다'를 경어화하여 상위자에게 '과장님, 어제 1차만 하고 도망가셨죠?'라고 해 본들 실례가 되기는 마찬가지인 것이다. 이러한 점에서는 한·일 양국어가 공히 해당되는 사항인데, 일본어의 경우, 예를 들어 「道草(みちくさ)を食(く)う(딴전 피우다)」「鼻を明(あ)かす(상대방의 허점을 찔러 깜짝 놀라게 하다)」「ほぞをかむ(후회한다)」「あごをだす(기진맥진하다)」「はらを割る(본심을 털어놓다)」와 같은 관용구들은 그대로 쓰는 것이 원칙이다. 이 밖에 속어나 비어 같은 것도 본시 상위자에게 쓰는 것 자체가 실례가 되어 경어화할 수가 없으므로 다른 대체표현을 생각하여 사용하는 것이 바람직할 것이다.

사장의 도착을 알리며

4. 「社長がお越(こ)しになられました」라고 한다면?

「お越(こ)しになる」는 「来る、行く」의 존경어로써 즐겨 쓰이는 표현일뿐더러 경어도도 매우 높다. 하지만, 위의 표제는 거기에

다가 존경어를 만드는 조동사「れる」를 추가로 접속했으므로 이중경어, 또는 과다경어가 된다. 아무리 존경과 정중을 강조한다고 해도 역시 사회적으로 관습화된 경어원칙에서 벗어나서는 안 되는 것이다. 이 경우는「社長がお越しになりました」로 족하다. 다른 예를 하나 더 들어보면,「社長がお召し上がりになりました」의 경우도 역시 이중경어가 된다.「召し上がる」라는 경어동사는「飲む、食べる」에 대한 존경어이며, 따라서 굳이 존경어를 만드는 형식인「お+동사연용형+になる」로 이중 포장할 필요는 전혀 없는 것이다. 이 경우도 역시,「社長が召し上がりました」만으로 충분한 존경표현이 된다. 한편, 과다경어에 있어서 문제시되는 것이 접두어「お、ご」의 지나친 사용을 들 수 있다.「お教室で、お椅子に座ってお絵をかきましょう」에서는 과다한 접두어의 사용을 엿볼 수 있으며,「私のお電話番号を申します」「ちょっとお財布を取りに行ってきます」「お洗濯物を干していたので」에서는 불필요한 접두어사용을 엿볼 수 있다. 아무리 품위를 나타내는 접두어라 할지라도 상대방과 관계가 없는, 자신에게만 속하는 행위나 사항에는 접두어를 사용하지 않는것이 좋다. (접두어「お、ご」의 용법과 사용에 관해서는 정중어 편 (10)을 참고할 것)

선생님의 도착을 알리며

5. 「柴田(しばた)先生が参(まい)ってますが」라고 한다면?

「参(まい)る」는 「行く」 「来る」의 겸양어로 즐겨 쓰이기도 하며, 때로는 정중어로 쓰이기도 한다. 예를 들어, 「後(あと)から参(まい)ります」라고 할 경우에는 겸양어로 쓰인 것이며, 「ご一緒に参(まい)りましょう」라고 할 경우에는 정중어로 쓰인 것이다. 하지만, 실제로 「参(まい)る」는 겸양어로 출발한 동사여서 현재도 정중어로서의 용법보다는 겸양어로서의 용법이 보다 더 많이 사용되고 있는 것으로 여겨진다. 표제의 경우를 살펴보면 겸양어동사인 「参(まい)る」가 사용되고 있는 점에 문제가 있다. 겸양어라는 것은 당연히 자신의 동작이나 상태에만 사용할 수 있는 것이며 상대방에게는 사용할 수가 없다. 그럼에도 불구하고 표제에서는 柴田(しばた)선생님에게 겸양어를 쓰고 있으므로 잘못된 표현이 된다. 요컨대, 「参(まい)る」와 같은 겸양어는 어떤 경우이건 자신에 대해서만 써야 하는 것이며, 절대로 존경어화 할 수도 없는 것이다. 따라서 이 경우에는 다음과 같은 표현들을 써야만 한다.

柴田(しばた)先生がおいでになりましたが、

柴田(しばた)先生がいらっしゃいましたが、

柴田(しばた)先生がお見えになりましたが、

柴田(しばた)先生がお越(こ)しになりましたが、

상위자에게

6. 「すでに存じ上げていると思いますが」라고 한다면?

「存じ上げる」는 「知る、思う」에 대한 겸양어동사로서, 자신이 누군가를 알고 있거나, 무언가를 생각하고 있음을 겸손하게 표현하는 동사이다. 즉, 「柴田(しばた)先生のことは、私もよく存じ上げております(柴田(しばた)선생님에 대해서는 저도 잘 알고 있습니다)」「お顔は存じ上げております(얼굴은 익히 알고 있습니다)」와 같이 사용하는 것이다. 결국, 이상의 예문에서 볼 수 있듯이 「存じ上げる」는 자신에 대해서만 사용할 수 있는 겸양어이며, 따라서 상위자는 물론 상대방에게는 일체 사용할 수가 없다. 이 경우에는 「すでにおわかりのことと思いますが(이미 알고 계시리라 생각합니다만)」또는 「すでにご存じのことと思いますが(의미는 앞과 동일)」로 표현하여야 한다. 여기에서 사용된 「～のことと」는 매우 함축성이 뛰어난 말로, 「ご多忙(たぼう)のことと存じます(바쁘실 것으로 생각됩니다)」와 같은 예문에서 볼 수 있듯이 우리말의 '～일 것으로'라는 의미로 빈번하게 사용되는 말이다. 한편, 상대방의 인지사실을 존경어로 표현할 경우에 빈번하게 쓰이는 것이 「ご存じ」인데, 「ご存じのように(아시다시피)」「ご存じでしょうが(아시겠습니다만)」「ご存じでしたか(알고 계셨습니까?)」「ご存じでなかったのですか(알고 계시지 않았습니까?)」와 같이 사용되곤 한다.

보고회에서

7. 「お手元(てもと)の資料を拝見(はいけん)してください」라고 한다면?

「拝見(はいけん)」은 「拝(おが)み見る」 즉, '우러러 본다'의 뜻으로 쓰이는 겸양어로서 오로지 자신의 행위에만 쓸 수 있는 말이다. 표제에서는 그럼에도 불구하고 자신이 아닌 상대방에게 겸양어를 쓰고 있음에 오용이 엿보인다. 겸양어는 어떠한 경우에도 상대방에게는 쓸 수가 없으며, 오로지 자신에게만 써야 함을 잊지 말아야 한다. 따라서 표제의 경우에는 「ご覧ください」라고 표현하는 것이 좋다. 참고로, 「ご覧」은 '보다'의 존경어로 쓰여서, 「ご覧になる(보시다)」, 「ご覧ください(보아주십시오)」, 「ご覧のように(보시다시피)」와 같이 쓰이는 말이다. 한편, 「見てご覧なさい(한번 봐라)」「見てご覧(봐보렴)」과 같이 쓰일 때도 있으나, 모두가 아랫사람에게만 쓸 수 있는 표현임에 주의하여야 한다. 표제의 「拝見(はいけん)」과 같이 겸양의 접두어 「拝(はい)」가 접속되어 빈번하게 쓰이고 있는 몇 개의 단어들이 있으므로 참고로 열거하여 둔다.

拝読(はいどく)する → '(자신이) 읽다'의 겸양어,

拝借(はいしゃく)する → '(자신이) 빌리다'의 겸양어

拝聴する → '(자신이) 듣다'의 겸양어,

拝受する → '(자신이) 받다'의 겸양어

백화점에서 점원이 손님에게

8. 「お気に入りましたでしょうか」라고 한다면?

「気に入る」는 '마음에 들다, 만족하다'의 뜻으로 쓰이는 표현으로 표제에서는 거기에 접두어 「お」를 붙이고 문 말에 완곡 표현인 「でしょうか」를 접속시키고 있으나, 그럼에도 불구하고 아무래도 경어도는 다소 떨어진다. 왜냐하면 동사 「入る」를 존경어로 만들고 있지 못하기 때문이다. 이 경우에는 역시 「お気に入る」의 존경어인 「お気に召す」를 사용하여 「お気に召しましたでしょうか」로 하는 것이 무난하다. 결국, 자신이 마음에 들 때는 「気に入る」를 사용하며, 상대방의 경우에는 「お気に召す」를 쓰는 것으로 기억해 두면 편리할 것이다. 한편, 「召す」는 「年をとる-お年を召す(나이를 잡수시다)」 「上着を着てください-上着をお召しください」와 같이 사용되기도 하는데, 이 또한 경어도는 매우 높은 표현이다.

음료수를 접대하며

9. 「冷たいうちにいただいてください」라고 한다면?

「いただく」는 원래 상위자로부터 무언가를 정중하게 받다, 라는 의미에서 출발한 겸양어동사인데, 오늘날에는 「もらう、食べる、飲む」의 겸양어로 사용되고 있으며, 때에 따라서는 정중어로도 쓰이고 있다(「いただく」가 정중어로 사용될 경우는 주로 음식을 먹을 때에 국한됨). 표제의 경우는 자신에게만 사용해야 할 겸양어동사 「いただく」를 상대방에게 사용한 것에서 오용이 엿보인다. 어떠한 경우에도 「いただく」는 자신의 행위에 대해서만 사용하여야 하기 때문이다. 따라서 표제의 경우는 「召し上がってください」로 표현하여야 하는데, 참고로 「召し上がる」는 「食べる、飲む」의 존경어이다. 한편, 일본어특유의 표현으로, 어떠한 지속상태를 나타낼 때에 빈번하게 쓰이는 것에 「～うちに」가 있다. 우리말에는 없는 표현방식으로, 예를 들면, 「どうぞ冷めないうちに召し上がってください(식기 전에 드십시오)」, 「家に着かないうちに暗くなった(집에 도착하기도 전에 어두워졌다)」와 같은 형태로 빈번하게 사용된다.

상대방의 예정을 물으며

10. 「柴田(しばた)さんは、どうされますか」라고 한다면?

「する」의 수동형인 「される」는 종종 존경표현으로서도 사용되곤 하지만, 아무래도 「する」의 경어동사인 「なさる」에 비해서는 경어도가 다소 떨어진다. 물론, 「どうしますか」보다는 확실히 「どうされますか」쪽의 경어도가 높은 것 또한 사실이며, 이러한 표현이 실제로 매우 빈번하게 사용되고 있기는 하다. 하지만, 아무래도 「される」는 동격이나 하격에게 사용하는 것이 바람직하며 상위자에게는 「する」의 경어동사인 「なさる」를 사용하는 것이 바람직하다. 이러한 이유에서 표제의 경우에는 「いかがなさいますか」로 표현하는 것이 좋을 것이다. 물론, 이 경우, 부사 역시 정중한 표현으로 바꾸어서 「どう」를 「いかが」로 하는 것이 바람직하다.

과장으로부터의 호출을 알리며

11. 「柴田(しばた)さん、課長が呼ばれてますよ」라고 한다면?

표제는 과장으로부터의 호출을 동료에게 전달하는 장면인데, 「課長が呼ぶ」행위를 「呼ばれる」와 같이 조동사 「れる」를 이용하여 존경표현으로 만들고 있다. 하지만, 이렇게 할 경우, 자칫하면 「れる」본연의 용법인 수동으로 오해 해석될 우려도 있어서 그다지 바람직하지 못한 표현이 된다. 생각하기에 따라서는 과장이 부장 같은 상사에게 불려가 있음을 동료에게 알리고 있는 의미로써도 해석될 수 있는 것이다. 이러한 이유로 인하여 존경표현의 경우 「れる」를 이용하는 것은 가급적 피하는 것이 좋을 것이다. 표제의 경우는 「お呼びですよ」로 고치는 것이 좋으며, 「お呼びになってますよ」라고 하면 보다 경어도가 높아진다. 참고로, 호출하고 있는 상사에 대해서는 「お呼びですか」를 쓰는 것이 좋으며, 좀 더 정중하게는 「お呼びでしょうか」, 보다 정중하게는 「お呼びでございますか」라고 표현하는 것이 무난하다. 표제의 경우, 우리말로는 '과장님께서 부르십니다'또는 '과장님께서 부르고 계십니다'정도가 무난하지 않을까 한다. 설사 상위자가 눈앞에 없는 경우일지라도 항상 상위자에 대해서는 평소 깍듯한 경어를 구사하는 습관을 몸에 익혀 둘 필요가 있다.

무언가를 내일로 미룰 때

12. 「明日もう一度、来ていただけますか」라고 한다면?

「~ていただく」라는 표현은 얼핏 보기에는 정중한 듯 보이나, 실제로는 상대방의 사정은 그다지 고려하지 않는, 자기중심적인 표현이 된다. 간단히 말해서 일방적인 통보와 같은 인상이 짙은 표현인 셈이다. 표제의 경우도 상대방에게는 선택의 여지를 그다지 주지 않는 표현이 되어, 다소 강압적인 뉘앙스도 풍길 수 있다. 물론, 표제의 경우는 문말을 가능표현으로 나타냄으로써 다소 부드러운 어감이 주어지는 것도 사실이지만, 역시 이러한 경우에는 「ご足労(そくろう)願えますか」와 같이 표현하는 것이 좋다. 참고로「ご足労(そくろう)」라는 말은 상대방이 일부러 가(와)주는 것을 공손하게 표현한 존경어이다. 한편, 표제에 해당되는 우리말의 경우에는 '내일 다시 한 번 오실 수 있으십니까?' 정도가 가장 무난하지 않을까싶다. 가끔 '~할 수 있을까요?'와 같은 표현을 들을 때가 있는데, 어느 정도 안면이 있고 다소 친숙한 사이라면 몰라도 첫 대면의, 그것도 상위자에 쓸 수 있는 표현은 아닐 것으로 여겨진다. 이러한 때는 어디까지나 정중하게 '~할 수 있으십니까?'와 같이 문말을 표현하는 것이 바람직할 것이다.

백화점에서 점원이 손님에게

13.「お求めやすくなっております」라고 한다면?

표제의 경우는 언뜻 보아서는 전혀 문제가 없는 것처럼 보일 수도 있다. 즉,「求める」는 동사이므로 형용사를 만드는 접미어「やすい」를 접속시킴으로써 결과적으로는 '구매하기 쉽다'라는 형용사를 만들 수 있는 것이다. 하지만, 이러한 종류의 복합형용사에는 존경의 접두어「お」를 접속시킬 수 없기에 거기에 접두어「お」를 붙인다고 해서 존경어가 되지는 않는다. 역시, 이 경우에는 존경어를 만드는 형식, 즉,「お+동사연용형+になる」에 적용하여야만 비로소 존경어가 되는 것이다. 따라서 표제는「お求めになりやすくなっております」로 표현하여야 한다. 참고로 몇 가지 예를 들어 두기로 한다. お答え安い → お答えになり安い、お話しにくい → お話しになりにくい、お越(こ)しにくい → お越(こ)しになりにくい、

お持ち運びやすい → お持ち運びになりやすい。

아울러, 백화점 같은 데에서 종종「この商品、お値下げしました」라고 표현할 때가 있는데 이 또한 잘못된 표현이다. 이와 유사한 표현인「お安くしました、お値引きします」는 널리 통용되고 있지만, 아무래도「お値下げ」는 아직 정착 단계에 있지 않은 듯하다. 역시, 이 경우는「値下げいたしました」정도가 무난할 것이다.

초대장에서

14.「万障お繰り合わせの上....」라고 한다면?

일본의 초대장에서 종종 위와 같은 문구를 볼 수 있는데,「万障お繰り合わせの上」는 실제로는 '만사 제쳐두고', '모든 일을 뒤로 미룬 채, 초대에 응하는 것을 최우선적으로'라는 어감을 주는 표현이 된다. 이와 같은 표현은 매우 자기중심적이어서 강압적인 인상마저 줄 수가 있는데, 아무리 초대하고 싶은 사람일지라도 개인마다 나름대로의 사정이 있을 것이므로, 이를 존중하여 최대한 정중한 표현을 구사하도록 한다. 더군다나 남을 초대할 경우에는 보다 더 정중함이 요구되는 것은 말할 것도 없는 일이다. 따라서 표제의 경우는「ご都合がつきましたらぜひ(사정이 허락되신다면 꼭)」으로 바꾸어 표현하는 것이 바람직할 것이다.「都合」는 '사정, 형편'의 의미를 지닌 말로 자신에게도 상대방에게도 쓸 수가 있는 매우 편리한 말이며, 「都合がつく」의 형태로 '시간이 허락되다. 형편이 괜찮다'의 의미를 관용적으로 나타낸다. 다만, 상대방의 사정을 나타내고자 할 때는 존경의 접두어 「ご」를 접속시킨 「ご都合」로 표현하여야 한다. 한편, 표제에 알맞은 우리말로는 '시간사정이 괜찮으시다면' 또는 '시간이 허락되신다면'정도로 표현하는 것이 무난하지 않을까한다.

손님에게

15. 「誠に申し訳ありませんが、私の上司にお伺いになっていただけませんか」라고 한다면?

「伺う」는 '방문하다, 묻다, 듣다'에 대한 겸양어동사이다. 예를 들면, 「明日伺います(訪ねる)」 「ちょっと伺いたいことがあります(問う)」、「先生のお話を伺う(聞く)」와 같이 널리 쓰인다. 표제의 경우는 예우를 하여야 할 손님에게 「伺う」와 같은 겸양어동사를 사용한 점에 오용이 엿보인다. 「伺う」는 이와 같이 겸양어, 즉 상대방 앞에서 자신을 낮추어 표현하는 말이므로 아무리 존경어를 만드는 형식인 「お+동사연용형+になる」에 맞추어 넣는다고 해도 결코 존경어가 될 수 없다. 따라서 이 경우에는 「お聞きになっていただけませんか」로 표현하는 것이 좋다. 아울러, 이

「伺う」란 동사자체가 겸양어이므로 굳이 겸양표현을 만드는 형식인 「お+동사연용형+する」에 넣을 필요가 없으며 이렇게 되면 이중경어가 되는 셈이나, 요즈음은 관용적으로 「お伺いする」라는 표현이 정착되어가고 있는 듯하다. 아무래도 「伺う」만으로는 다소 소홀한 것 같은 느낌이 있고, 아울러 보다 정중하게 표현하고자 하는 심리에서 기인되는 것으로 여겨진다. 표제의 경우, 우리말에서는 어떻게 표현해야 할까? '대단히 죄송합니다만, 저의 윗분(상사)에게 여쭤봐 주십시오'라고 해서는 대단한 실례가 될 것이다. 왜냐하면 자신에게는 윗분이 되지만 손님의 입장에서는 결코 그러하지 못하기 때문이다. 이러한 때는 '대단히 죄송합니다만, 저의 윗분(상사)에게 문의해 주십시오'라고 표현하는 것이 바람직하지 않을까한다.

상사에게

16. 「そこまでご存じになっていらっしゃるとは思いませんでした」라고 한다면?

「ご存じ」의 「存じ」는 「知る、思う」에 대한 겸양어동사로 널리 쓰이는 동사 「存じる」의 연용형이 그대로 전성명사화된 형태이다. 그런데 묘하게도 「存じ」에 한해서는 앞에 존경의 접두어 「ご」를 접속시켜서 존경어를 만들 수가 있어서, 「ご存じのとおり」「ご存じのように」「ご存じのごとく」와 같이 상대방이 이미 알고 있는 상태를 높여서 표현하는 것으로 빈번하게 쓰인다. 하지만,

표제의 경우에는 「ご存じになる」라고 표현하고 있는 데에 오용이 엿보인다. 왜냐하면 「ご存じになる」라는 표현은 사용되지 않기 때문이다. 따라서 「ご存じでいらっしゃるとは思いませんでした」 또는 「ご存じとは思いませんでした」로 표현하는 것이 올바르다.

상사에게

17. 「この調査書を明日までに検討してくれませんか」 라고 한다면?

「~てくれる(~해주다)」는 「教えてくれる」「読んでくれる」에서 보듯이 상대방이 자신을 위하여 무언가 도움이 되는 것을 해준다, 라는 의미를 나타내는 표현이다. 하지만, 이러한 표현은 동격이나 하위자에게만 쓸 수 있는 말로, 상위자에게 쓰기는 적절치 못하다. 이 경우에는 역시, 「くれる」의 존경어인 「くださる」를 쓰는 것이 좋으므로. 「~てくださいませんか」로 바꾸어 표현하여야 한다. 또는 「~ていただけませんか?」 「~ていただきたいんですが」로 표현하는 것도 무방하여, 「この調査書を明日までに検討してくださいませんか?」 「この調査書を明日までに検討していただけませんか?」 「この調査書を明日までに検討していただきたいんですが」와 같이 표현한다.

손님에게

18.「OOさん、おられましたら、三番窓口へお越(こ)し下さい」라고 한다면?

흔히 엿보이곤 하는 오용이다.「おる」는「いる」에 대한 정중어로 쓰이지만, 이는 어디까지나 자신의 존재를 표현할 경우에만 국한되므로, 격식을 차려야 할 상대방에 대하여는 결코 쓸 수가 없다. 역시「おる」는「元気で通学しております」「明日の三時、博多(はかた)駅の入り口で待っております」와 같이 자신의 상태나 존재를 정중하게 표현하는 데 널리 쓰이고 있다. 표제의 경우에는 이러한 정중함을 나타내는 동사에, 존경의 의미를 나타내는 조동사「れる」를 접속시킨 점에 오용이 엿보인다. 대체로 겸양어나 정중어에는 존경의 형식을 부가할 수가 없음이 경어의 원칙인 것이다. 따라서 이 경우에는「いる」에 대한 경어동사「いらっしゃる」를 이용하여,「いらっしゃったら」「いらっしゃいましたら」로 표현하는 것이 좋다. 한편, 이러한 정중어「おる」이지만, 예외적으로 우리말의 '~이신'의 의미를 나타내는「~でおられる」의 경우에는「おる」에 조동사「れる」의 접속이 허용되고 있다. 예를 들어,「今日は民族学者でおられる柴田(しばた)先生をお招き致(いた)しております(오늘은 민속학자이신 시바타선생님을 모셨습니다)」와 같이 쓰이는 것이다.

손님에게

19. 「お直ししますので店までご持参になってください」 라고 한다면?

백화점 같은 데에서 옷을 구입하였는데, 기장 같은 것이 맞지 않은 손님의 전화를 받고 점원이 이런 식의 말을 하는 장면을 연상할 수 있을 것이다. 표제에서는 「直す」에 겸양어형식인 「お+동사연용형+する」를 적용함으로써 훌륭한 겸양표현을 만들고 있으나, 후반부에서는 잘못된 경어를 사용하고 있다. 「持参」은 물건을 가지고 가거나 가지고 오는 것을 나타내는 한자어로 다용되고 있으나, 여기에 존경어형식인 「ご+한자어+になる」를 적용하여 「ご持参になる」라고 하는 식의 표현은 원래 성립되지 않기 때문이다. 따라서 이 경우에는 「お持ちになってください」 또는 「ご持参ください」로 하는 것이 좋다. 아울러, 우리말에서는 '지참하다'는 말은 그다지 널리 쓰이고 있지 않아서 일부 문장체에서만 쓰이는 정도이지만, 일본어에서는 회화체에서도 다용되고 있음에 유의할 필요가 있다.

상사에게

20.「これは係長から課長に申し上げておいてください」 라고 한다면?

말하는 본인에 있어서 두 사람의 상사가 존재하고, 그 상사 간에 위상의 차이가 있을 때에는 항상 두 사람의 상사에 대한 균등한 예우차원의 표현에 주의를 기울여야 한다. 표제의 경우, 係長도 상사요, 課長도 상사이다. 그런데, 표제와 같이 표현할 경우, 課長에 대해서는「言う」의 겸양어동사인「申し上げる」를 사용함으로서 충분한 예우를 갖추고 있으나, 바로 직계상사인 係長에 대한 예우는 전혀 고려되어 있지 않다. 여기서「申し上げる」의 주체는 係長이지만,「申し上げる」의 대상인 課長은 눈앞에 있지 않는 것이다. 그렇다면, 당장은 눈앞에 있는 직계상사에 대한 언어적 예우가 중요하므로「課長にお伝え下さい」또는「課長にお話しになって下さい」로 표현할 필요가 있다.「お伝えください」「お話しになってください」는 공히 존경어인 것이다.

손님에게

21.「証明書はこの用紙を使って申し込んでください」 라고 한다면?

「申し込む」는 자신의 의사나 희망을 상대방에게 전달하거나, 필요한 절차를 통하여 응모한다, 는 뜻으로 쓰이는 말이다.「申す」는 원래「言う」의 겸양어동사이지만,「申し付ける」「申し出

る」「申し込む」「申し受ける」「申し立てる」와 같이 일부 복합동사에서는 겸손이 아닌 정중도가 있는 동사의 용법으로 쓰이고 있다. 다만, 이 중에서 특히「申し付ける」의 경우는 상위자가 하위자에게 용무 따위를 명령한다는 존경의 뜻으로 사용되고 있는 점에 유의할 필요가 있다. 흔히 호텔 같은 데에서「お気づきの点がございましたらいつでもお申し付けください(불편한 점이 눈에 띄시면 언제든지 말씀하여 주십시오)」라고 하는 경우가 바로 그것이다. 한편, 표제의 경우는「申し込む」를 사용한 것까지는 좋았으나, 손님에 대한 경어가 사용되고 있지 않은 점에 오용이 엿보인다. 이러한 경우에도 역시 손님에 대한 예우차원에서 존경어를 만드는 형식을 사용하여「お申し込み下さい」로 표현하여야 한다.

상위자에게 홀로 가는가를 묻기 위해

22.「お一人で行かれますか」라고 한다면?

존경어를 만드는 또 하나의 방식에, 조동사「れる」「られる」를 이용하는 방법이 있다.「行かれますか」는「いらっしゃいますか」와 같이 존경어로 쓰일 수는 있으나 경어도는 다소 떨어지며, 또한 존경의 의미이외에 수동이나 가능의 뜻도 지니고 있어서 의미혼동의 가능성이 높다. 실제로, 어느 젊은 사원이 거래 상담을 마친 후, 나이가 지긋한 상대와 잡담을 나누다가, 상대가 이번 주말에 멀리 낚시를 떠난다는 말을 듣고는「お一人で行かれますか」라고 했다가 상대의 오해를 샀다는 일화가 있다. 이러한 오해는 젊은 사원은 나이가 지긋한 상대에 대하여「行かれますか」를 씀으로서 존경의 뜻을 나타냈으나, 상대가「行かれますか」를 가능의 뜻으로 받아들인 데에 기인하는 것이다. 따라서 오해의 소지가 비교적 높은「れる」「られる」를 이용한 존경어 표현은 가급적 사용을 지양하는 편이 바람직하다. 다만,「お驚きになる」의 경우에는 모음「o」가 연속적으로 나타나는 관계로 인하여,「驚かれる」를 쓰는 것이 듣기가 쉬울 것이며, 실제로 널리 쓰이고 있다.

상사의 조언에 감사를 표하면서

23.「課長にいただいたアドバイスのおかげで」라고 한다면?

「いただく」는「もらう」에 대한 겸양어동사로서, 표제는 어떻게 보면 그 사용에 전혀 문제가 없는 듯이 보일 수 있다. 하지만, 표제를「課長がくださったアドバイスのおかげで」로 바꾸어 생각해 보면 그 차이가 명확할 것이다. 부하직원의 입장에서는 과장의 조언덕분에 일처리가 잘 끝난 셈이므로 당연히 과장에게 감사 표현을 해야 하는데, 표제와 같이 하면 주체가 어디까지나 말하는 본인이 되므로 과장은 뒷전으로 물러나게 된다. 그러나「課長がくださった」로 하게 되면 주체가 과장으로 되므로 자연히 과장에 대한 감사의 뜻을 보다 확연하게 표현할 수가 있게 되는 것이다.「くださる」는「くれる」에 대한 경어동사인데,「くださる」나「いただく」모두 상대방에 대하여 경의를 나타내는 점에서는 동일하지만, 그 주체가 누구인지에 따라서 감사표현의 정도가 다르게 되는 것이다.

24.「薬局からまだ呼ばれていない方は申し出てください」라고 한다면?

표제에서는 대기하고 있는 환자나 보호자에 대하여「方(かた)(분)」를 사용함으로서 매우 적절한 경어가 쓰이고 있다. 하지만, 이 경우도 (21)과 마찬가지로 환자나 보호자에 대한 경어가 거의 사용되어 있지 않은 점에 오용이 엿보인다.「申し出る」는 자신의 의사나 희망을 상대방에게 피력하는 경우에 쓰이는 정중체의 동사이지만,「동사연용형+てください」의 형식만을 써서는 적절한 경어표현이 못된다. 이 경우 역시 존경어를 만드는 형식을 사용하여「お申し出ください」로 표현하여야 할 것이다.

▶ 호칭표현

(1) 상위자에게「あなた」라는 대명사를 쓸 수 있는가?

「あなた」라는 인칭대명사는 동격이나 하위자에게 사용하거나, 혹은, 매우 친한 사이에서 사용되곤 한다. 또한, 부부의 경우에는 여성이 자신의 남편에 대해서만 사용하며, 남편은 아내에게 일체 사용하지 않는다. 이「あなた」라는 대명사는 원래 '저쪽'이라는 방향을 나타내는 말로 사용되다가, 江戸(えど)시대(1603~1867년)에 상대방을 가리키는 대명사로 일반화된 말인데,

현재는 연장자나 상위자에게는 사용할 수 없는 말이다. 그렇다면, 연장자나 상위자에게는 어떤 말을 쓰느냐 할 것 같으면, 역시 무난한 것은 부장, 과장, 계장 같은 직함이다. 만약 직함이 없는 연장자일 경우에는 그 사람의 성에다가 「さん」만을 붙여서 호칭하면 된다. 일본어의 접미어 「さん」은 우리말의 '씨'와 달리 그 사용 폭이 매우 넓어서 누구에게나 성 밑에 붙여서 쓸 수가 있는데, 이 경우 역시 우리말과 달리 일본에서는 전체 이름 밑에 붙이는 것이 아니라 주로 성에만 붙여서 부르는 것이 일반적이다. 한편으로 우리말의 경우에는 본래의 좋은 뜻이었던 '당신'의 어감이 많이 하락하여 오늘날에는 화제에 올라있는 상위자를 가리키거나 부부사이에서의 호칭을 제외하고는 거의 사용되지 않는 경향이 있다(일본어의 「あなた」는 부부사이에서 아내가 남편을 가리킬 경우에만 사용되는데 반하여 우리말의 '당신'은 부부가 함께 사용할 수 있는 점에 차이가 엿보임). 따라서 가능하면 아무리 친한 사이라고 할지라도 상대방을 '당신'이라고 호칭하는 것은 삼가는 것이 좋을 것이다.

(2) 복수 격 접미어의 용법은?

우리말에서는 복수 격 접미어로써 '들'만이 쓰여서 매우 간단한 데에 반하여, 일본어의 복수 격 접미어는 매우 다양하다. 주로 사람에게 쓰이는 대표적인 것으로는 「たち、方(がた)、ら、共(ども)」가 있는데, 가장 경어도가 높은 것은 「方(がた)」와 「共(ども)」이다. 「方(がた)」는 복수의 상대방이나 상위자에게 사용하며(あなたがた、お母さんがた、お子様がた、先生がた), 「共(ども)」는 말하는 측을 복수로 겸손하게 일컬을 때 사용한다(わたくしども、手前(てまえ)ども). 이에 반하여 「たち」는 중간적인 성격이 강하여 일반적으로 널리 쓰인다(学生たち、子供たち). 마지막으로 「ら」는 동격이나 하위자에게 사용하는 접미어이다(お前ら). 한편, '이분들, 이쪽 분들'은 「こちらの方々(かたがた)」가 된다. 참고로, 「々」부호는 같은 한자를 반복해서 사용할 때에 쓰이는 것이다.

(3) 상위자를 직함으로 부를 때 「さん」을 붙이는가?

우리말과 달리, 부장, 과장, 선생과 같은 일본어의 직함에는 이미 존경의 뜻이 내포되어 있는 것으로 보는 것이 일반적이어서, 굳이 「さん」을 붙일 필요가 전혀 없다(부장과 과장의 경우에는 '장'에, '선생'의 경우에는 '선'에 존경의 개념이 들어가 있는 것이다). 따라서 일반적으로는 단지 「部長」「課長」「先生」만으로도 충분하다. 다만, 보다 정중도를 높이고자 할 때는 직함 앞에 개인이름을 붙여서 「柴田(しばた)課長」이라는 식으로 부르면 좋을 것이다. 이상은 자기회사의 상사를 부를 경우인데, 타 회사 사람을 직함으로 부를 때 역시 「さん」을 붙일 필요는 없다. 하지만, 경우에 따라서는 처음에는 「さん」을 붙였다가 점차로 친숙해 지고 나서 「さん」을 붙이지 않는 경우도 있다. 한편, 직업명의 경우에는 대체로

「さん」을 붙여서 쓰는 것이 보통이다.

車掌(しゃしょう)さん、運転手(うんてんしゅ)さん、看護婦(かんごふ)さん、店長(てんちょう)さん、郵便屋(ゆうびんや)さん,

(4) 상대방의 회사를 지칭할 때는 어떻게 부르는가?

「お宅、おたくさん」은 그다지 어감이 좋지 않다. 가능하면「おたくさま、そちらさま」로 부르는 습관을 들이는 것이 좋다. 또한, 다소 문장체적인 인상은 있으나,「御社(おんしゃ)、貴社(きしゃ)」로 지칭해도 무난하다. 그리고 보다 정중도를 높이고자 할 때는 회사명에도「00会社さん」과 같이「さん」을 붙여 부른다. 이러한 점에서는 실로 일본어에 있어서의 접미어「さん」의 폭넓은 사용범위를 엿볼 수 있다. 아울러, 우리의 경우와 달리 일본에서는 상대방의 회사명은 아무리 길어도 절대로 줄여서 부르거나 표기해서는 안 된다. 즉,「00商社(株)」식은 실례가 되므로 각별한 주의가 요망된다.

한편, 상대 회사로 문서나 편지 등을 보낼 때, 상대방에게 엄연한 직함이 있을 경우에는 반드시 그 직함까지 명기하도록 한다. 요컨대,「00会社00課00殿(どの)」가 아니라「00会社00課課長00殿(どの)」식으로 표현하는 것이 바람직하다.

(5)「奥さん」와「奥様」의 구별은?

「奥さん」은 동격이나 하위자의 부인을 가리켜 사용하는 말이며,「奥様」는 상위자의 부인을 가리켜 쓰는 말이다. 따라서 자신의 상사 같은 상위자나 선생님의 부인을 지칭할 때는 「奥様」라고 하는 것이 올바른 어법이다. 한편, 「おかみさん」이라는 말이 있는데, 이는 주로 장사를 하는 부인을 가리켜 쓰는 말이다. 아울러, 상대방의 자녀를 높여서 부를 때 「お子様」를 쓰게 되는데, 이 「お子様」는 다시 성별에 따라서 「お嬢様」와 「息子さん」으로 나뉘게 된다. 묘하게도 상대방의 따님의 경우에는 「お嬢様」를 사용하지만, 아드님의 경우는 「息子様」가 아니라 「息子さん」이 일반적으로 널리 쓰이는 듯하다. 그리고 상대방의 아들이 중학생정도일 때는 「坊っちゃん」을 쓰는 것이 일반적이다. 「ご子息」는 어감이 매우 딱딱하여 서간문 같은데 에서나 쓸법한 말이다.

2) 겸양어 부

초대를 받고서

1. 「喜んで行かせてもらいます」라고 한다면?

「～てもらう」는 자기중심적인 표현이다. 왜냐하면 「もらう」는 남으로부터 무언가를 받는다, 라고 하는 의미를 지니고 있기 때문이다. 이 경우, 조사 「て」앞에는 상대방 또는 자신의 동작이나 상태가 표현되기 마련인데, 상대방의 동작이나 상태를 나타내는 경우에는 동사연용형이 앞에 오며, 자신의 동작이나 상태를 나타내는 경우에는 사역형이 오게 된다. 즉,「行ってもらう」의 경우는 상대방에게 가달라고 하는 뜻이 되며,「行かせてもらう」는 자신이 가겠다, 는 뜻이 되는 것이다. 이러한 표현은 일본어 특유의 것으로 평소 일상적으로 일본인들이 매우 즐겨 쓰고 있다. 하지만, 이러한 표현은 표면상으로는 매우 정중한 것 같지만, 어떻게 보면 상대방에게 자신의 의향을 일방적으로 통보하는 식의 인상을 줄 수도 있으므로 그 사용에 신중을 기해야한다. 표제의 경우는 자신이 초대에 기꺼이 응하겠다는 뜻을 나타내는 경우인데, 이러한 좋은 의미의 초대에는 표제와 같은 다소 강압적인 표현보다는 오히려「お伺いします」 또는「お訪ねします」로 표현하는 것이 대체로 무난할 것이다.

전화로 과장을 찾는 사람에게

2.「課長は今いらっしゃいません」이라고 한다면?

우리말과 달리, 일본어에서는 상대방에 대하여 자기편은 신분, 연령, 지위와 상관없이 무조건 낮추어 표현하는 것이 원칙이다. 표현하는 사람을 기준으로 신분, 연령, 지위 등이 위인가 아래 인가를 살펴서 경어사용의 기준을 삼고 있는 우리말과는 사뭇 대조적이다. 간단히 말해서 일본어의 경어체계에서는 설사 자기부모일지라도 타인 앞에서는 무조건 낮추어 표현하는 것이 올바른 어법이 되는 것이다. 회사의 경우, 자기의 상사일지라도 다른 회사사람 앞에서는 이 역시 낮추어 표현해야만 하는 것이다.

표제에 등장하는 과장의 경우, 당연히 같은 회사의 사람이므로 자기편이 된다. 따라서 상대방 앞에서는 철저히 낮추어 표현하여야 함에도 불구하고 자기편의 과장을 높여서 표현하고 있는 데에 오용이 엿보인다. 다시 말해서 일본어의 경어체계와 원칙에 정면으로 위배되는 오용인 것이다. 이 경우는 「課長は今おりません」 또는 「課長は今席を外(はず)しております」하는 식으로 낮추어 표현하여야 한다. 다만, 전화 건 사람이 과장의 가족이나 친지인 경우에는 당연히 과장에 대하여 높여서 표현하여야 하며, 이 점에서는 우리말과 같다. 아울러, 직함의 경우에는 우리말과 달리 존경의 접미어를 일체 사용하지 않는 다는 점에 유의할 필요가 있는데, 표제에서는 직함사용이 올바르게 되어있다. 직함사용에 관해서는 「존경어 편의 호칭표현(3)」을 참고할 것.

전화를 빌리고자 할 때

3. 「電話を借りられますか」라고 한다면?

표제의 경우, 우리말에서는 완곡 표현의 요소인 '좀'을 사용하여 '전화 좀 빌릴 수 있습니까?'정도의 표현으로 무난할 것이다. 하지만, 일본어의 경어체계에서는 이 경우에도 상대방에 대한 경의가 표현되어야 한다. 마땅히 전화를 빌린다고 하는 것은 상대방에게 다소나마 신세를 지는 셈이 되기 때문이다. 표제의 경우, 사용되고 있는 조동사 「られる」는 어디까지나 가능의 용법인데, 그렇다면 상대방에 대하여 전혀 경어가 사용되고 있지 않은 셈이다. 다시 말해서 '전화를 빌릴 수 있는가'의 가능성만을 표현하고 있는 것이다. 따라서 이 경우에는 「拝借(はいしゃく)できますか」 또는 「お貸し願えますか」로 표현하여야 한다. 참고로, 「拝借(はいしゃく)」는 남에게서 무언가를 빌리는 행위를 겸손하게 표현한 말이며, 「お+동사연용형+願う」는 상대방에게 공손하게 무언가를 부탁할 때 쓰이는 표현이다. 이에 관한 자세한 것은 「1.경어의 기초」를 참고할 것.

상위자의 저녁권유를 정중히 거절할 때

4. 「行ってもいいのですが」라고 한다면?

표제는 대등한 사람에게만 사용할 수 있는 표현이다. 상위자로부터 저녁을 함께 할 것을 권유받았으나 부득이한 사정으로 그에 응할 수 없을 때는 최대한 정중한 말씨로 표현하는 것이 좋다. 이 경우에는 「参(まい)りたいのですが」라는 겸양표현으로 바꾸어 표현하는 것이 바람직하다. 아울러, 초대나 권유에 응할 수 없는 이유와 더불어, 정중하게 다음을 기약하는 내용을 곁들이는 것도 좋을 것이다. 어쨌든 아주 부담스러운 상대방이 아니고서는 가능한 한 상대방으로부터의 권유는 최대한 수용하도록 하는 자세 또한 바람직할 것이다. 왜냐 하면, 모처럼 호의를 가지고 권유하였으나 거절당하게 되면 유감스런 생각이 들 것이고 자연히 다음에 또 권유하는 것은 머뭇거려질 수도 있기 때문이다.

아래에 정중한 거절표현의 예를 두 가지만 들어 둔다.

「せっかくお誘いをいただきましたが、どうしても外せない用事が出来てしまいました。本当に申し訳ありません。次の機会にぜひよろしくお願い致します」、「せっかくのご好意を無にして申し訳ありませんが、前々からの約束がありまして、外すわけにはいきません。残念ですがお許しください」

배달을 부탁 받은 점원이 손님에게

5.「届けられます」라고 한다면?

표제는「届ける」에 가능을 나타내는 조동사「られる」를 접속시킨 표현으로 자신의 배달가능성만을 표현하고 있을 뿐, 손님에 대한 경의는 일체 나타내고 있지 못 하다. 이와 같은 표현은 하격이나 동격에게만 쓸 수 있는 것으로 상위자에게 써서는 실례가 된다. 점원에게 있어서 손님은 상위자가 되므로 이 경우에는 보다 정중한 표현으로서「お届けできます」로 표현하는 것이 바람직하다. 겸양표현형식인「お+동사연용형+する」는 전반적으로 말하는 자신이 상대방을 위하여 무언가를 할 때에 즐겨 사용되는 표현이며,「する」의 가능동사는「できる」가 된다.「お届けできます」를 우리말로 옮기면 '배달해 드릴 수 있습니다'정도가 될 것이다.

전언을 부탁 받고

6. 「そのように柴田(しばた)にお伝えしておきます」라고 한다면?

표제의 경우, 얼핏 보기에는 겸양표현형식인 「お+동사연용형+する」에 충실하게 적용된 표현인 것처럼 생각될 수 있으나, 실제로 「伝える」의 경우는 이러한 형식이 정착되어 있지 못하다. 따라서 자칫하면 「お伝え＋する」로서 전달자의 행위자체를 높이는 자화자찬 식으로 해석될 여지가 있는 것이다. 역시 이러한 경우, 안전하게는 「申し伝えます」로 표현하는 것이 좋다. 「申し伝える」는 남에게 무언가를 전달하는 행위를 겸손하게 표현한 동사인 것이다. 이와 유사한 동사들을 몇 개 열거해 두니 익혀두기 바란다.

예 申し込む(신청하다)、申しかねる(말씀드리기 어렵다)、
申し受ける(받다)、申し出る(신청하다)、
申し入れる(제안하다)、申し立てる(제안하다)

방문객에게

7. 「ご用件をおっしゃってください」라고 한다면?

아주 귀찮은 상대가 아니고서는 방문객에 대하여 평소 친절한 자세를 견지하는 것은 매우 중요한 일이다. 말할 것도 없이 회사를 처음 방문하는 사람에게 있어서는 맞이하는 사람이 곧 회사전체를 인상 지우는 결과를 초래할 수 있기 때문이다. 또

한 실제로 친절한 마음가짐과 자세로 남을 대하는 것은 돈이 드는 일도 힘든 일도 아니다. 그저 마음먹기와 평소의 습관에 달린 것이다. 표제는 존경의 접두어 「ご」와 「おっしゃる」란 경어동사의 사용, 그리고 「～てください」라는 존경표현을 사용하고 있기는 하나, 그럼에도 불구하고 명령조로서 다소 딱딱한 느낌의 사무적인 표현이 된다. 이렇게 되면, 마치 단도직입 식의 표현이 되어버려서, 상대방에게 강압적인 인상을 줄 수도 있다. 이러한 점에서 역시, 우리말이나 일본어나 상위자 또는 격식을 차려야 할 상대방에게는 '～해 주십시오' 「～てください」와 같은 표현은 삼가는 것이 좋다. 아무리 정중한 어감이 주어진다고 해도 명령조임에는 틀림없기 때문이다. 따라서 표제는 「ご用件を承ります」로 바꾸어 표현하는 것이 좋을 것이다. 「承る」는 「聞く、引き受ける」의 겸양어동사로서 빈번하게 쓰이는 말이다. 한편, 우리말의 경우에도 상대방에 대해서는 가능하면 '용건'이라는 말은 사용을 삼가는 것이 좋지 않을까 한다. 아무래도 사무적인 딱딱함과 독촉하는 것 같은 인상을 줄 우려가 있기 때문이다.

상사로부터 동행을 부탁 받고

8. 「わたくしがご同行します」라고 한다면?

「同行」이라는 말은, 상위자가 아랫사람을 데리고 가는 경우, 또는 동격사이에서 사용하는 말로서, 아랫사람이 상위자에 대해서는 결코 쓸 수 없다. 따라서 「同行」앞에 아무리 접두어 「ご」로 미화시켜 놓았다 해도 결국 틀리기는 마찬가지이며, 이 경우에는 「ごいっしょします」로 표현하는 것이 올바르다. 또한, 상위자에게 데리고 가 줄 것을 부탁할 경우에도 「ごいっしょさせてください」로 표현하는 것이 좋다. 다만, 상위자에게 함께 갈 것을 권유할 경우, 「ごいっしょしませんか」는 잘못된 표현이다. 이 경우의 접두어 「ご」는 어디까지나 겸양의 의미가 담겨있기 때문이다. 이 경우, 우리말로는 '제가 모시고 가겠습니다'정도가 무난하지 않을까 한다. 가끔 '수행한다'는 표현을 접할 때가 있는데, 이 말은 왠지 관공서분위기가 느껴진다. 한편, 손님을 영접 나갔다가 모시고 돌아와서 상사에게 보고하는 경우, 「社長、三菱商事の柴田部長をお連れして来ました」라고 하는 경우가 있는데, 이것도 잘못된 표현이다. 동사 「連れる」는 동격이나 하위자에게만 쓸 수 있는 말이어서 이렇게 표현하게 되면 「柴田部長」을 연행해 왔다는 보고밖에 되지 않는 것이다. 종종, 일본인들조차 이 「連れる」라는 동사를 즐겨 쓰곤 하는데 역시 그 사용에는 신중을 기하여야 할 것이다. 이 경우에는 「三菱商事の柴田部長がお見えになりました」정도로 표현하는 것이 좋을 듯하다.

파티회장에서

9. 「出席者全員に記念品をお渡しします」라고 한다면?

동사 「渡す」에는 단지 배급이라는 정도의 뜻만 담겨 있어서, 주최 측의 성의가 그다지 엿보이지 않는다. 표제의 경우에는 공식적인 장면이므로 가능한 한 정중한 표현을 쓰도록 할 필요가 있다.「渡す」의 성격이 이러하니 여기에 아무리 겸양어형식인「お+동사연용형+する」를 적용하더라도 결국은 격식 상 하나씩 나누어준다는 정도의 해석밖에는 되지 않는 것이다. 역시, 이 경우에는 겸양어동사「差し上げる」를 이용하여,「出席者全員に記念品を差し上げます」로 표현하는 것이 바람직할 것이다. 한편으로는「贈呈します」를 사용해도 무난한데,「贈呈」는 공식석상에서 선물이나 기념품 등을 건네 줄 때에 쓸 수 있는 말이다. 아울러,「進呈」란 말도 즐겨 쓰이기는 하는데, 이는 개인과 개인 사이에서 가벼운 기분으로 선물할 때에 쓰이는 말이다.

자기도 알고 있는 사람을 표현할 때

10.「わたしも柴田先生のことはよくご存じです」라고 한다면?

표제는 화제에 올라있는 사람에 대하여 자신도 어느 정도의 정보가 있을 때 쓸 수 있는 표현이다. 하지만 표제와 같이 표현하게 되면, 자기스스로를 높이는 우스꽝스런 꼴이 된다. 왜냐하면,「ご存じ」라는 말은 상대방에게만 쓸 수 있기 때문이다. 이 경우에는 겸양표현인「存じ上げております」로 하는 것이 좋다.「存じ上げる」는「知る、思う」의 겸양동사로서 널리 쓰이는 말로, 예를 들어,「私も、先生のことはよく存じ上げております(저도 선생님에 관해서는 잘 알고 있습니다)」「ご多忙の最中と

は存じ上げますが(한창 바쁘실 때라고는 생각합니다만)」와 같이 쓰이곤 한다.

상사에게 무언가를 알리고자 할 때

11. 「お聞かせしたいことが少々(しょうしょう).....」라고 한다면?

「聞かせる」는 「聞く」의 사역형으로 상위자에게는 쓸 수 없는 말이다. 어떤 경우에도 아랫사람이 상위자에게 무언가를 부탁할 수는 있어도 시킬 수는 없기 때문이다. 설령, 겸양어형식 「お+동사연용형+する」에 적용함으로서 듣게 시키는 주체인 자신을 겸손하게 표현했다하더라도 결과적으로는 상위자에게 쓸 수 없는 표현이 된다. 따라서 이 경우에는 「お耳に入れたいことが少々」로 하는 것이 좋다. 참고로, 「お耳にいれる」는 「知らせる、告(つ)げる」의 겸양어동사이다.

자신의 설명을 마치고

12. 「おわかりになりましたか」라고 한다면?

「分かる」라는 동사는 상위자에게는 쓸 수 없는 말이다. 어떠한 경우에도 아랫사람이 상위자의 이해정도나 이해능력을 묻거나 확인할 수는 없기 때문이다(존경어 편(1)참고). 이러한 경우에는 시점을 듣는 쪽으로 돌려서 「ご理解いただけましたか」로 표현하는 것이 좋을 것이다. 우리말에서도 종종 아랫사람이 상

위자에게 무언가를 설명하고서는 '제 말 아시겠습니까?'라고 묻고는 하는 것을 들을 때가 있는데, 이는 대단히 실례되는 표현이다. 자칫하면, 상위자로서는 아랫사람으로부터 자신의 이해능력을 의심받고 있다는 오해를 할 수도 있기 때문이다. 따라서 이 경우에는 '제 설명, 이 정도면 되시겠습니까?' 아니면, '이만하면 설명이 족하시겠습니까?'정도로 표현하면 어떨까한다.

상사로부터 칭찬을 듣고

13. 「おほめしてくださり光栄(こうえい)です」라고 한다면?

표제는 겸양표현과 존경표현이 혼합됨으로서 매우 잘못된 어법으로 되어 버렸다. 즉, 「おほめする」는 겸양표현이고, 「~てくださる」는 존경표현인데도 불구하고, 양자의 주체는 동일인물인 상사인 것이다. 결국, 같은 인물에게 겸양표현과 존경표현을 혼합해 쓰는 모순을 범하고 있는 셈이다. 상위자에게 존경표현을 쓴 것은 매우 당연한 것이지만, 칭찬하는 주체인 상사에게 겸양표현을 써서는 결코 안 된다. 따라서 이러한 경우에는 「おほめにあずかり(칭찬을 해 주셔서)」로 표현하는 것이 좋다. 이 「あずかる」라는 동사는 '상위자로부터 삼가 어떠한 배려를 받는다'라는 뜻으로 쓰이는 매우 겸손된 말이다. 주로 「お+동사연용형+にあずかる」의 형식을 취하여, 「お招きにあずかり(초대해 주셔서)」, 「毎度、お引き立てにあずかり(매번 성원해 주셔서)」와 같이 쓰인다.

담당자의 도착을 손님에게 알리면서

14. 「係りの者はすぐにまいります」라고 한다면?

말이란, 참으로 민감한 것이어서 단어하나를 바꾸기만 해도 크나큰 뉘앙스의 차이를 유발하곤 한다. 손님이 찾아갈 것을 미리 예고한 바 있다면, 당연히 그 시간에 담당자는 손님을 기다리고 있어야만 한다. 그런데, 표제와 같이 「すぐに参(まい)ります」로 표현하게 되면, 담당자가 손님을 기다리지 않고 다른 곳에 가 있어서 담당자를 호출해 놓았다는 어감이 된다. 당연히 손님으로서는 유쾌한 일은 못될 것이며, 이로 인해 회사의 이미지가 안 좋아져도 할 말이 없는 것이다. 이러한 경우에는 「係りの者は只(ただ)今(いま)参(まい)ります」로 표현하는 것이 바람직하다. 이와 같이 표현하게 되면, 담당자는 이미 손님과의 약속시간에 손님을 맞이할 준비를 마치고 기다리고 있었다는 어감을 주게 되어, 그 성의가 매우 돋보이게 되기 때문이다.

상사로부터 칭찬을 듣고

15. 「どうも.....」라고 한다면?

일본어에서 「どうも」라는 말은 참으로 편리한 말로서, 처하여진 상황에서 뚜렷하게 표현할 말이 떠오르지 않거나, 약식으로 인사를 할 때에 빈번하게 쓰이곤 한다. 하지만, 이 「どうも」는 편리한 만큼 애매한 표현이어서, 때로는 매우 성의가 없는 인사말로도 여겨질 수 있으므로 항상 상황을 잘 가려서 사용하여야 한다. 표제의 경우는 상사로부터 칭찬을 들었으니만큼, 그에 대한 감사표현을 하여야 하는데, 왠지 「どうも」만으로는 그 표현정도가 약하다는 느낌이 든다. 이러한 경우에는 「恐縮(きょうしゅく)です」로 표현하는 것이 바람직하다. 「恐縮(きょうしゅく)」란 말은, '황송한 나머지 몸을 움츠리게 된다'는 뜻을 내포하고 있어서 그 경어도가 매우 높다. 이와 유사한 표현으로는 「恐(おそ)れ入ります」가 있는데, 이 「恐(おそ)れ入ります」역시 「恐縮(きょうしゅく)です」못지않게 매우 경어도가 높은 표현이다.

상사와의 약속시간에 늦었을 때

16. 「ごめんなさい」라고 한다면?

시간을 잘 지킨다는 것은 사회인의 기본적인 자격요건이다. 아무리 일처리를 잘하고 두뇌회전이 빠르다고 해도 시간관념이 제대로 없다면 이 역시 사회인으로서는 당연히 실격이다. 약속시간을 제대로 지키지 않게 되면 남의 소중한 시간을 도둑질하는 것과 같으며, 상대방은 결코 유쾌한 느낌을 받을 수 없게 된다. 따라서 누군가와 시간약속을 하게 되면 최선을 다하여 시간을 지키는 습관을 평소에 체득하여 두는 것이 무엇보다도 중요하다. 하지만, 일상생활에서는 부득이한 사정으로 인하여 시간에 늦는 경우도 있을 수 있다. 그럴 때는 가장 정중하게

사과를 하는 자세가 요구되는데, 일본어의 경우 표제와 같이 사과를 하게 되면 상위자에 대한 올바른 사과가 못된다. 이러한 때는 「申し訳ありません」으로 정중하게 표현하는 것이 좋다. 표제에 등장한 「ごめん」은 容赦、赦免에 대한 존경어이기는 하지만, 「ごめんなさい」는 현재에 이르러서는 그 경어도가 매우 희박해져 있는 상태라서, 친한 사이에서나 가볍게 사과할 때 주로 쓰이는 표현이다.

예 さっきはごめんね。ちょっと、ごめんなさい。

참고로, 「申し訳ありません」보다 더욱 정중한 표현은 「申し訳ございません」이다.

상위자에게

17. 「ネクタイが曲がっていますから、直(なお)して差し上げましょう」라고 한다면?

「差し上げる」는 '드리다'는 뜻으로 쓰이는 겸양어동사이다. 하지만, 표제와 같이 「～て差し上げる」로 표현할 경우에는 상대방에게 무언가를 생색내는 것 같은 어감이 주어질 수 있으므로 그 사용에 신중을 기하여야 한다. 우리말에서는 보통 상대방을 위하여 무언가를 할 경우 '～해드리겠습니다'와 같은 표현을 사용하곤 하는데, 일본어의 「～て差し上げる」는 우리말과 똑같이 대응되는 것이 아니므로 각별히 주의하여야 한다. 따라서 표제의 경우에는 「直(なお)す」를 겸양어형식에 적용하여 「お直(なお)ししましょう」 정도로 표현하는 것이 좋을 것이다.

상대방회사에서

18. 「私どもの社長が、御社(おんしゃ)を訪問したいと申しております」라고 한다면?

일본어의 경어체계는 우리말과 달리 말하는 사람의 입장에서 볼 때, 자기 측에 대해서는 철저히 낮추어 표현하는 것이 원칙으로 되어있다. 이 점에서는 말하는 사람을 기준으로 신분, 연령, 지위 등이 상위에 있느냐 하위에 있느냐에 따라서 경어사용의 기준이 정해지는 우리말과는 사뭇 대조적이다. 표제의 경우는 자기회사의 사장을 낮추어 표현하고자 문말에 겸양어를 사용하여 「申しております」를 적절하게 사용하고는 있으나, 한편으로 「訪問したい」의 부분에서는 경어표현이 사용되고 있지 않은 점에 오용이 엿보인다. 역시, 이 경우에도 상대방회사를 예우하는 차원에서 「伺(うかが)う」를 쓰는 것이 바람직하다. 아울러, 「伺(うかが)う」를 사용할 경우에는 「御社(おんしゃ)を」가 「御社(おんしゃ)に」로 바뀜에 주의하여야 한다. 즉, 「私どもの社長が、御社(おんしゃ)に伺(うかが)いたいと申しております」와 같이 표현하는 것이 바람직하다. 참고로 자기회사를 정중하게 표현할 때는 「私ども」로 하고, 상대방회사를 정중하게 표현할 때는 「御社(おんしゃ)」로 한다. 이에 관해서는 존경어 편의 호칭 표현(4)를 참고할 것.

선물을 보내면서

19. 「郷里の名産をお送りいたしましたので、ご賞味(しょうみ)ください」라고 한다면?

누군가에게 선물을 보내는 경우, 한국이나 일본이나 겸손한 자세와 말씨를 나타내는 점에서는 동일하다. 이른바, '겸손의 미덕'을 보이게 되는 셈인데, 그렇다면 표제는 어느 부분이 이상한 것일까? 「お送りいたします」에 있어서는 겸양표현을 제대로 잘 나타내었고, 「ご賞味ください」에 있어서는 존경표현을 잘 나타내었다. 하지만, 문제는 「郷里の名産」이다. 이러한 표현을 쓸 수 있는 것은 제법 친한 사이에서나 가능할 법한 것이지, 아무리 값나가고 품질 좋은 「名産」일지라도 드러내놓고 표현하지 않는다는 것이 하나의 사회적인 상식이요 예의인 것이다. 만약 이런 식으로 표현하게 되면 받는 사람에게 상당히 생색을 내는 것 같은 인상을 주게 될지도 모른다. 따라서 아무리 좋은 선물을 하는 경우라고 하더라도, 「心ばかりの品(しな)をお送りいたしましたので、ご笑納(しょうのう)ください」로 표현하는 것이 바람직하다. 「心ばかり」는 물건의 질적인 평가와는 상관없이 성의만 담겨있다고 하는 뜻의 겸손표현이며, 「笑納(しょうのう)」는 선물을 웃으면서 받아달라고 하는 뜻의 겸손표현인 것이다.

▶ 호칭표현

1. 「わたし」와 「わたくし」의 구별은?

1952년에 제정된 「これからの敬語」에서는,

1。「わたし」を標準とする。(「わたし」를 표준으로 한다)

2。「わたくし」は、改まった場合で、めったに会えない上位者か、改まった相談、依頼、謝罪、冠婚葬祭のとき使う。(「わたくし」는 격식을 차린 경우로, 좀처럼 만날 수 없는 상위자나 공적인 상담, 의뢰, 사죄, 관혼상제 때 사용한 다)

라고 두 가지 대명사의 성격을 규정하고 있는 바, 이것이 오늘날까지 그대로 통용되고 있다. 다시 말해서, 일반적으로는 「わたし」를 사용하되, 보다 높은 존중을 표해야 할 상위자 앞에서나, 공식적인 석상에서는 「わたくし」를 사용하는 것이 바람직하다. 확실히 「わたくし」는 「わたし」보다 정중한 것은 사실이지만, 개인끼리의 접촉에서는 사용을 삼가는 것이 좋다. 왜냐하면, 정중도가 높아지는 만큼 자칫 딱딱한 인상을 줄 수 있기 때문이다. 그렇다고는 하나, 역시 전화상의 첫 대면인 경우에는 「わたくし」를 사용하는 것이 바람직하다. 한편, 「わたし」는 남녀를 불문하고 널리 쓰이는 대명사이지만, 이 밖에도 「あたし、あたい」, 그리고 「ぼく、おれ、きみ、わし」등의 대명사가 선별적으로 사용되고 있는데, 전자는 여성이, 후자는 남성이 사용하고 있어서 각 대명사의 용법에 대한 세심한 고찰이 요망된다.

2. 타 회사 사람 앞에서 같은 회사사람을 어떻게 표현하는가?

우리말에서는 자기 자신을 기준으로, 신분, 연령, 지위 등이 위에 있는 분에 대해서는 누구 앞에서나 철저히 존경어로 표현하여야 하나, 일본어의 경우에는 혈연, 지연, 또는 조직 등이 자신 쪽에 속하여 있을 경우에는 아무리 신분, 연령, 지위 등이 위에 있다고 하더라도 존경어로 표현할 수가 없다. 예를 들어, 「部長さん、いらっしゃいますか」라는 전화가 걸려왔을 때, 「はい、部長さんはただいま、お出かけになっていらっしゃいます」라고 할 수는 없는 것이다. 물론, 우리말에서는 이와 같이 표현하는 것이 마땅하나, 일본어의 경우 부장은 어디까지나 자신이 속한 조직체계의 같은 구성원이기 때문에 타인 앞에서는 부장에 대하여 철저히 낮추어야만 한다. 즉, 부장의 이름이 柴田(しばた)일 경우, 「はい、柴田(しばた)はただいま、出かけています」라고 표현하여야 하는 것이다. 이 경우, 「部長は……」라고 존칭을 쓰는 경우가 있는데, 이는 잘못된 것으로 역시 성만을 쓰는 것이 예의에 맞다. 왜냐하면, 「部長」에는 이미 존칭의 뜻이 담겨져 있기 때문이다. 한편, 상대방회사와의 회의석상에서 자기 쪽의 부장이 발언한 것에 대한 뒷받침발언을 하면서 부장을 지칭할 경우에도, 「今柴田(しばた)部長がおっしゃったように」는 우리말식이 되며, 일본어의 경우는 어디까지나 부장이 자기편이므로, 「今(いま)柴田(しばた)が申しましたように」로 표현하여야 한다. 아무리 자신에게 있어서는 상사인 부장일지라도 상대방 앞에서는 철저히 낮추는 것이 경어원칙이

기 때문에 결코 실례가 되지 않으며, 또한 이런 식의 표현이 진정으로 예의에 맞는 표현이 되는 셈이다.

3. 상대방에게 자기회사를 지칭할 때 어떻게 하는가?

흔히 「うち」라고 지칭하는 경우가 있는데, 이는 그다지 어감이 좋지 못하다. 또한, 「わが社」라고 부르는 것도 다소 우쭐대는 것 같은 어감이 주어줘서 바람직하지 못하다. 역시, 이 경우에는 「当社」 「当方」 또는 「私ども」로 표현하는 것이 좋다. 만약 상점일 경우에는 「当店」을, 은행일 경우에는 「当行」를 쓰면 된다. 좀 더 정중하게 지칭하고자 할 때는 「私どもの社、手前(てまえ)どもの社」로 표현하면 될 것이다. 한편, 「弊社(へいしゃ)」 「小社(しょうしゃ)」의 경우는 문장체에서나 쓸법한 인상이 짙다.

4. 자기가족을 남에게 말할 때는 어떻게 하는가?

일상적으로 타인 앞에서 자기 측의 부모형제나 친인척을 가리킬 때에 흔히 쓰이는 친족명사를 열거하면, 「父(ちち)、母(はは)、姉(あね)、兄(あに)、弟(おとうと)、妹(いもうと)、祖父(そふ)、祖母(そぼ)、伯父(おじ)、叔父(おじ)、伯母(おば)、叔母(おば)、従兄弟(いとこ)、主人(しゅじん)、家内(かない)、舅(しゅうと)、姑(しゅうとめ)、嫁(よめ)、婿(むこ)」와 같은 것들이 있다. 이하, 각 친족명사의 용법을 간단히 설명한다.

· 父(ちち) - 자신의 아버지를 남에게,

· 母(はは) - 자신의 어머니를 남에게,

· 姉(あね) - 자신의 누나나 언니를 남에게,

· 兄(あに) - 자신의 오빠나 형을 남에게,

· 弟(おとうと) - 자신의 남동생을 남에게,

· 妹(いもうと) - 자신의 여동생을 남에게,

· 祖父(そふ) - 자신의 할아버지를 남에게,

· 祖母(そぼ) - 자신의 할머니를 남에게,

· 伯父(おじ) -- 큰아버지를 남에게,

· 伯母(おば) - 큰 고모나 큰 이모를 남에게,

· 叔父(おじ) - 작은아버지를 남에게,

· 叔母(おば) - 작은 고모나 작은 이모를 남에게,

· 従兄弟(いとこ) - 사촌을 남에게,

· 主人(しゅじん) - 남편을 남에게,

· 家内(かない) - 아내를 남에게,

· 舅(しゅうと) - 장인이나 시아버지를 남에게,

· 姑(しゅうとめ) - 장모나 시어머니를 남에게,

· 嫁(よめ) - 며느리를 남에게,

· 婿(むこ) - 사위를 남에게,

이 밖에, 시아버지나 시어머니를 나타낼 때, 「主人の父(母)」 또는 「00(남편이름)の父(母)」로 나타내기도 한다. 또한, 남에게 자기가족전체를 나타낼 경우에는 「わたくしども、てまえども」를 쓰기도 한다. 한편, 자신의 아내나 아들을 서간문 등에서 「愚妻(ぐさい)」 「豚児(とんじ)」라고 비하하여 호칭하는 수가 있는데, 지나친 비하는 오히려 실례가 될 수도 있어서 (이러한 것을 慇懃無礼(いんぎんぶれい)라고 함), 사용하지 않는 것이 바람직할 것이다.

자기소개를 할 때

5. 「はじめまして、自分が山田です」라고 한다면?

「自分」이라는 말은 우리말의 '자기'에 해당되는 말로 종종 조사 「で」와 결합되어, 「自分で考える」(스스로 생각한다), 「自分でやります」(제가 직접 하겠습니다)와 같이 사용된다. 한편, 이 말이 대명사로 사용될 때는 남성이 사용하는데, 이는 주로 군대에서 사용되는 군대용어이다. 예를 들어, 「自分は山田二等兵であります」라는 식으로 사용되는 것이다. 따라서 표제의 경우에는 「自分」대신에 「私」를 쓰는 것이 바람직하다. 아울러, 「手前(てまえ)」라는 대명사가 있는데, 이것은 겸양어로서 주로 나이 지긋한 사람들이 사용하는 말이다. 물론, 상업상으로는 「手前(てまえ)どもの店」(저희 상점) 와 같이 나이와 상관없이 겸손차원에서 종종 사용되기도 한다.

자신의 직함을 나타낼 때

6.「総務課長の山田です」인가? 「山田総務課長です」인가?

「部長」「課長」와 같이 「長」으로 끝나는 직함에는 이미 예우와 존경의 의미가 담겨있으므로, 우리말과 달리 일본에서는 얼마든지 이대로 사용할 수가 있다. 이러한 경칭은 자신이 아닌 다른 사람이 자신을 부를 때에 쓰이는 것으로, 결코 자신이 자신스스로에 대하여 쓸 수는 없는 것이다. 따라서 표제와 같이 「山田総務課長です」라고 하게 되면 자기스스로를 높이는 우스꽝스러운 꼴이 된다. 반면에, 「総務課長の山田です」라고 하게 되면 이미 직함을 앞서 내세우고 이어서 자신의 이름을 경칭없이 대는 셈이 되므로 지극히 자연스러운 표현이 되는 것이다.

3) 정중어 부

1.「わかりました」와「かしこまりました」의 구별은?

둘 다 우리말로는 '알겠습니다, 알았습니다'의 뜻을 나타내지만, 일본어에서는 양자 간에 용법상의 차이가 분명히 있다. 즉,「わかりました」는 상대방의 말을 틀림없이 이해하였다, 고 하는 의미로 쓰이는 반면에,「かしこまりました」는 상대방의 뜻을 충분히 이해하였음은 물론이고 그 뜻에 따르겠다, 고 하는 의미로 쓰이는 것이 일반적이다. 요컨대, 상위자로부터 뭔가 주의

사항이나 내용설명을 들었을 때는「わかりました」로 대답하는 것이 알맞으며, 지시나 명령을 받았을 때는「かしこまりました」가 알맞은 응대가 되는 것이다. 한편, 상위자에게 무언가를 설명하고 나서「わかりましたか」를 쓰게 되면 대단히 실례가 된다. 왜냐하면, 함부로 상위자의 이해능력을 아랫사람이 묻거나 확인할 수는 없기 때문이다. 이러한 경우에는「これでよろしいでしょうか」를 사용하는 것이 무난하다. 이 점에서는 한국어도 마찬가지여서, 어떤 경우에라도 아랫사람이 상위자에게 '아시겠습니까?'와 같은 표현을 사용할 수는 없다.

2. 무언가를 부탁할 때, 서두에 쓰는 말로서「すみませんが」와「おそれいりますが」의 구별은 ?

우리말에서도 남에게 무언가를 부탁할 때는 서두에 '죄송합니다만'정도의 말을 곁들이곤 하는데 일본어에서는 이 경우에「すみませんが」「おそれいりますが」를 사용하곤 한다. 하지만, 양자 간에는 어감의 차이가 분명히 있어서,「すみませんが」는 동격이나 하위자에게 사용할 수 있는 표현이다. 반면에,「おそれいりますが」의 경우는 상위자에게 뭔가를 부탁할 때나 타인에게 보다 정중하게 부탁하고자 할 때에 서두에 사용하는 표현이다. 결국,「すみませんが」보다「おそれいりますが」쪽이 훨씬 경어도가 높은 것으로 생각하면 좋을 것이다.

한편,「すみません」의 경우 가벼운 사과표현으로 쓰이는 것이 기본적인 용법이지만, 이 밖에 감사표현으로도 종종 쓰인다.

다시 말해서 누군가가 자신에게 약간의 호의를 베풀었을 때 고맙다는 뜻으로도 쓸 수 있는 것이다. 무엇보다도 빈번하게 쓰이는 것은 남을 부를 때이다. 즉, 길을 가면서, 또는 식당 등에서 남을 부를 때 언제든지 쓸 수 있는 말로써, 우리말의 '여보세요'에 해당되는 표현으로 생각하면 좋을 것이다.

3. 「ご苦労様」는 어떤 때 쓰이는가?

「ご苦労様」는 상위자가 아랫사람에게 수고했음을 위로하는 표현이다. 따라서 어떤 경우에도 아랫사람이 상위자에게 쓸 수는 없다. 이에 반해서, 「お疲れ様」「お疲れ様でした」는 상하관계에 상관없이 누구에게나 쓸 수 있는 위로의 말이다. 「お疲れ様」「お疲れ様でした」중에서는 당연히 「お疲れ様でした」가 「お疲れ様」보다 경어도가 높다. 종종, 우리말에서도 아랫사람이 상위자에게 '수고하셨습니다'를 쓰는 것을 듣곤 하는데, 이 역시 매우 잘못된 인사말이다. 어떤 경우에도 아랫사람이 상위자를 위로 격려할 수는 없기 때문이다. 아무래도 그때그때의 상황에 알맞은 인사말을 적절하게 찾아 쓸 수 있는 지혜가 필요한 대목이다.

4. 「ちょっと」와 「少々」의 구별은?

「ちょっと」와 「少々」는 둘 다 약간의 시간이나 정도를 나타내는 말이지만, 아무래도 「ちょっと」보다 「少々」쪽이 보다 더 정중한 느낌을 준다. 다시 말해서, 「ちょっと待ってください」「少々お待ちください」와 같은 배열로 쓰인다고 생각하는 것이 좋을 것이다. 말이라는 것은 참으로 오묘한 존재여서 같은 내용을 담고 있는 말이라도 어감의 정중도에 차이가 있는 경우 또한 많은 것이다. 표제와 유사한 경우의 말은 이 밖에도 많이 있는데 그 주된 것을 열거하면 다음과 같다.

예 今→ただいま、どこ→どちら、本当に→まことに、今日→本日(ほんじつ)、昨日→昨日(さくじつ)、明日→明日(みょうにち)、ちょっと→少々、いくら→いかほど、いい→よろしい、そうです→さようでございます、買う→求める

5. 「ネ サ ヨ」의 용법은?

회화체에서 문 말에, 「それでね、あいつがね、行ったらさ、そういう人なのよ、おれだってよ」와 같이 쓰이는 말을 통틀어 흔히 「ネサヨ言葉」라고 하는데, 이러한 문말조사나 간투조사는 친한 사이에서라면 몰라도 격식을 차려야 할 상대방에게는 가급적 그 사용을 자제하는 것이 바람직하다. 특히, 한국인의 경우, 걸핏하면 문 말에 '미안해요, 없어요, 식사하셨어요?'같은 식으로 '요'를 다용하다보니, 발음이 비슷하다는 이유에서 종종 일본어의 문말에 「よ」를 붙여서 발음하곤 하는 것을 들을 수 있는데, 일본어의 조사 「よ」는 주로 말하는 사람의 의견이나 주장을 강조하는 듯 한 인상을 주는 조사이기에 그 사용에 신중을 기하여

야 한다. 아울러, 우리말에서도 격식을 차려야할 상대방이나 그러한 자리에서 말을 할 때는 '~있잖아요, ~말이에요'와 같은 말을 중간 중간에 끼워 넣어 표현하는 것은 삼가는 것이 바람직하다. 아무래도 이러한 말을 자주 쓰다보면 자칫 유치한 느낌을 상대방에게 줄 수가 있기 때문이다.

상대방의 말을 부정 할 때

6. 「とんでもございません」이라고 한다면?

상대방이 고마움을 표시하거나 칭찬을 할 때, 겸손차원에서 이것을 부정하는 표현으로 흔히 쓰이는 것이 「とんでもない」인데, 이 표현을 보다 정중하게 나타내고자 「とんでもございません(천만의 말씀입니다)」이라고 하는 경우를 많이 들을 수가 있다. 이것은 「とんでもない」의 「ない」를 부정을 나타내는 형용사로 착각한 나머지, 정중어인 「ございません」으로 바꾸어 나타낸 것에 기인하는 것이다. 하지만 「とんでもない」는 어디까지나 하나의 독립된 형용사이다. 따라서 이를 「ございません」으로 바꿔서 표현 해봤자 엄연한 오용이 되는 것이다. 올바른 표현으로서는 「とんでもないです、とんでもないことです」로 하여야 한다. 아무리 정중하게 표현하고자 해도 어법을 틀려가면서까지 표현할 수는 없는 일이다.

상대방의 의향을 물을 때

7.「結構ですか」라고 한다면?

예를 들어,「課長、書類を整理しておきましたが、これで結構でしょうか」라고 표현하는 것은 잘못된 것이다. 왜냐하면,「結構」는 상위자가 동격이나 아랫사람에게 사용한다고 하는 인상이 강해서, '충분하다, 만족하고 있다'는 뜻을 나타낼 때 사용하는 말이기 때문이다. 주로「本当に結構です」、「大変結構な品をいただきました」、「それで結構です」와 같은 식으로 사용된다. 결국,「結構」는 정중한 표현의 이미지는 있으나, 그렇다고 해서 존경어나 겸양어는 못되어서 표제와 같이 상위자에게 질문하는 형식으로 사용하게 되면 엄연한 오용이 되는 것이다. 따라서 표제의 경우에는「これでよろしいでしょうか」로 표현하는 것이 좋을 것이다. 한편으로 아랫사람이 상위자에게 어떤 사안에 대하여 문제가 없음을 나타낼 때는「結構でございます」 또는「よろしゅうございます」등과 같은 정중어로 표현하는 것이 좋다.

음료수를 권유받고

8.「お茶でいいです」라고 한다면?

「~て(で)いい」와 같은 표현은 주로 상대방에게 어떤 허락을 할 때나, 또는 가볍게 무언가를 선택할 때에 쓰이는 표현이다. 표제에서는 상대방이 자신에게 호의적으로 음료수를 권하는 장면이므로, 아무거나 대수롭지 않은 듯이 가볍게 선택하는 인상을 주어서는 실례가 된다. 이 경우에는 역시 「お茶をいただきます」로 하는 것이 바람직하다. 그리고 「頂戴(ちょうだい)します」라는 표현도 있는데 이 역시 매우 정중한 느낌을 준다. 한편, 술자리에서 상대방이 자신에게 「もう一杯いかがですか」라고 권할 경우, 「もう結構です」라고 하며 거절하면 대단한 실례가 되며, 경우에 따라서는 상대방을 겸연쩍게 만들 우려도 있다. 따라서 이 경우에는 술을 더 마실 수 없는 이유와 함께 권유에 대한 감사 말도 곁들여 표현하는 것이 예의에 맞다. 「充分(じゅうぶん)にいただきました。ありがとうございます」하는 식으로 말이다. 이 점에서는 우리말에서도 마찬가지여서, 상대방이 모처럼 호의적으로 권유하였음에도 불구하고, '됐습니다' 정도로만 응대를 하게 되면 결국 자신의 상식을 의심받게 될 것이다. 사양할 때 쓰는 '됐습니다'는 매우 딱딱하고 사무적인 인상을 주는 표현일뿐더러 정감도 거의 없는 표현이 아닐까 한다.

상사가 보고서의 완성 기일을 물었을 때

9. 「五日までにやっておきます」라고 한다면?

「やる」는 크게 두 가지의 용법이 있는데, 하나는 「する」의 속어적인 용법으로 '하다'의 뜻을 지니고 있어, 「やればできる(하면 된다)」, 「洋品店をやっている(양품점을 하고 있다)」와 같이 쓰이며, 또 하나는 '주다'의 뜻을 나타내어, 「これをお前にやる(이걸 너에게 준다)」 와 같이 쓰이고 있다. 하지만, 후자의 경우에는 절대로 상위자에게는 쓸 수가 없으며, 그러한 경우에는「あげる」「差し上げる」를 사용하여야 한다. 표제는「する」의 의미로「やる」를 사용하고 있어서 상위자에게 쓰기에는 매우 격이 떨어지는 표현이 되고 말았다. 이러한 표현은 친숙한 사이에서 허물없이 쓸 수 있는 경우이며, 표제와 같이 표현할 경우, 상사에 대한 예의에서 벗어날 수도 있다. 따라서 이 경우에는「作成致しておきます」정도로 표현하는 것이 바람직할 것이다.

뭔가 음료수를 권유받고

10.「おビールいただけますか」라고 한다면?

접두어「お」는 때로는 존경어로, 때로는 겸양어로, 그리고 때로는 정중어 또는 미화어로도 쓰이는데, 그 사용범위도 워낙 넓어서 일본어경어를 체득하고 사용하는 과정에서 가장 신경이 쓰이는 말 중의 하나이다. 아래에 접두어「お(ご)」에 대한 기본용법과 사용범위, 그리고 제한사항 등에 관하여 구체적으로 서술해 놓고자 한다. 우선, 표제의 경우에는 원칙적으로 외래어에는 접두어「お(ご)」를 접속시킬 수 없음에도 불구하고 이를 사용한데에서 오용을 엿볼 수가 있다. 이러한 경우에는「ビールいただけますか」만으로도 충분한 표현이 된다.

「お(ご)」의 근본적인 접속과 용법

접속

원칙적으로 순수한 일본어(和語(わご))에는 「お」를 붙이고, 한자어에는 「ご」를 붙인다.

お所 ↔ ご住所、おたずね ↔ ご質問、お願い ↔ ご希望、お着き ↔ ご到着、お生まれ ↔ ご出産、お教え ↔ ご教授、お幸せ ↔ ご幸福、お伝え ↔ ご伝言(でんごん)、お招き ↔ ご招待

단, 이러한 원칙이 절대적인 것은 아니어서 가끔 한자어인데도 「ご」가 아닌 「お」가 접속되는 경우도 꽤 있으니 주의하여야 한다.

お帽子、お洋服、お料理、お食事、お茶、お経(きょう)、お堂(どう)

용법

① 상대방의 동작, 상태나 상대방에 속한 사물, 사항인 경우

お帰り、お出掛け、おひま、お見事、お達者、お孫さん、お財布、お仕事、お煙草、お荷物、お近くまで、お体、お考え、お話、ご不在、ご道楽、ご歓談、ご長男、ご機嫌、ご意見、ご出席、ご病気

② 자신의 동작, 상태일지라도 상대방과 관련되어 있을 경우

お寄り、お届け、お電話をかける、お手紙を出す、お礼、ご報告、お願い

③ 단지 관용적으로 정중함만을 나타낼 경우

お暑い、お静か、お近いうちに、お習字、お店、お天気、お部屋、お手洗い、お風呂、お茶、お賽銭(さいせん)(神社나 절에서 참배할 때 내는 금전)

※ 「お(ご)」가 접속하기 쉬운 것과 어려운 것

· 음절수가 짧은 단어에는 비교적 접속하기 쉽다
おまめ、おそば、お肉、お花、お酒

· 음절수가 긴 단어에는 접속하기 어렵다
じゃがいも、ほうれんそう、しょうちゅう

· 구체적인 식물, 동물, 음식물 등에는 접속하지 않는다
さくら、ねこ、てんぷら

· 외래어에는 접속하기 어렵다
ネクタイ、ワイシャツ、ノート、ゴルフ、コーヒー、トイレ、ビール、セット

· 호텔, 은행, 백화점, 항공회사의 서비스와 세일즈, 그리고 접수 등에서 사용되는 전문용어에는 접속하는 일이 많다
ご予約、ご預金、お買い上げ、ご金利、ご搭乗

※ 「お(ご)」의 사용에 있어서 주의할 점

상대방과 관련이 없는, 자신에만 속하는 행위, 사항에는 붙이지 않는다.

「私のお電話番号を申します」「ちょっとお財布を取りに行ってきます」「お洗濯物を干していたので」「あした、お休みします」등은 상대방과 아무런 관련이 없으므로 붙여서는 안 된다.

※「お(ご)」의 지나친 사용을 방지하는 요령

「お(ご)」가 아무리 존경과 겸양, 그리고 정중함을 나타내는데 탁월한 표현효과를 지니고 있다 해도 지나친 사용은 오히려 마이너스효과를 나타내므로 그 사용에 신중을 기하여야 한다. 여기에서는 지나친 사용을 피하기 위한 요령을 몇 가지 나열해 두고자 한다. 우선, 지나친 사용의 예를 몇 가지 들어보자.

「お気をお強くお持ちになられてください」「お足元がお危(あぶ)のうございます」「お気をつけてお帰り下さい」「お傘とおかばんをお預かりします」「お煙草は、お廊下でお吸いくださいますよう、お願いします」

이와 같은「お」의 지나친 사용은 공공연한 장소에서는 빈번하게 등장하곤 하는 것이 현실인데, 이를 방지하기 위한 요령을 몇 가지 들어둔다.

① 「お持ちになる」「お帰りになる」「お預かりする」와 같이, 경어로서 생략할 수가 없는「お」를 우선적으로 사용한다.

② 「お傘」「おかばん」과 같이, 상대방의 소지품에 붙이곤 하는「お」는 최대한 생략한다.

③「お足元」「お危ない」「お廊下」등, 상대방과 직접적인 관계가 없는 것에는「お」를 붙이지 않는다.

④ 이상의 점을 염두에 두고서, 마지막에 오는 말에만「お」를 붙인다. 예를 들어「気をつけてお帰りください」와 같이 후항요소에만「お」를 사용하면 문 전체가 경어화되는 효과가 나타나게 되는 것이다.

※「お(ご)」가 오랫동안의 관용으로 인하여 정착되어 있는 경우

ごはん、おさら、おかず、お茶わん、おみおつけ、おつけもの、おみき、おそなえもの、おもち、おはよう、ごくろうさま、ごらんなさい

손님의 요망에 응하기 위해

11.「なんなりと言ってください」라고 한다면?

표제는 손님의 요망에 적극적으로 응하기 위한 자세는 충분히 엿보이나,「言って」를 사용함으로서 손님에 대한 경어도는 제대로 나타내고 있지 못하다. 대체로, 호텔 같은 곳의 서비스 업종에서는 이러한 때「お申し付けください」로 표현하는 것이 일반적이다.「申し付ける」는「言いつける」의 정중어로 상위자가 하위자에게 분부를 하다, 명령을 내리다, 의 뜻을 나타내는 말이다. 여기에 상위자에 대한 경의차원에서「お+동사연용형+ください」라는 존경어형식을 적용하고 있는 것이 위의 표현인 것이다. 참고로,「申し付ける」의「申す」는 현재에 이르러서는 겸양의 의미가 희박해져 있다.

거래처로부터 어려운 주문을 받았을 때

12. 「無理です」라고 한다면?

누군가로부터 무언가를 부탁 받고, 부득이 이를 거절하게 되었을 때는 거절방식에도 신중을 기할 필요가 있다. 왜냐하면, 부탁하는 사람으로서는 사안에 따라서는 많은 망설임 끝에 부탁했을 수도 있을 것이며, 이를 냉정하게 거절하면 그만큼 상대방에게는 마음의 상처를 줄 수도 있기 때문이다. 그렇다고 애매모호하게 거절함으로서 상대방에게 오해의 소지를 안기라는 뜻은 결코 아니다. 부탁에 대하여 부득이 거절을 할 수밖에 없을 경우에는 분명한 거절의 의사를 밝히되, 언어표현과 태도로서 최대한 유감의 뜻을 표출하는 것 또한 원만한 인간관계를 유지함에 있어서 필요한 태도와 자세가 아닐까 한다. 확실히 거절방식에 있어서는 일본인의 거절방식이 보다 부드럽고 정중한 경향이 있어서 우리 입장에서 볼 때는 지극히 애매모호한 것으로 비춰지기도 한다.

표제의 경우 역시 상대방에 대한 심적 배려는 전혀 담겨져 있지 않고, 그저 사무적인 딱딱한 인상만 주게 되는 표현이다. 이러한 경우에는 「致しかねます」로 표현하는 것이 무난할 것이다. 「致しかねます」는 무언가를 실행하기 어려울 때 사용되는 정중한 표현이다. 참고로, 「かねる」는 동사연용형에 접속되어 그 동작, 행위를 실행하기가 어려움을 나타낸다. 「言いかねる(말하기 어렵다)」, 「お引き受けいたしかねます(떠맡기 어렵습니다)」

슬럼프 중, 상사로부터 격려의 말을 듣고

13. 「すみません」이라고 한다면?

「すみません」은 기본적인 사과표현이지만, 때로는 남을 부를 때나 감사를 표시할 때 등에도 빈번하게 쓰인다. 따라서 경우에 따라서는 어떤 뜻으로 쓰였는지 혼동을 야기할 수도 있는 표현이므로 그 사용에는 신중을 기하여야 한다. 표제의 경우는 자신이 슬럼프에 빠져있을 때, 고맙게도 상사로부터 따스한 격려의 말을 들은 것이므로, 이에 대한 감사의 뜻으로 「ありがとうございます」로 표현하는 것이 좋을 것이다. 참고로, 「ありがとう存じます」라는 표현의 경우에는 보다 경어도가 높아지기는 하나, 그다지 많이 사용되고 있지 않으며 또한 문장체적인 인상도 짙다.

품절을 알리며

14. 「もう売れてしまいました」라고 한다면?

무언가 원하던 상품이 막상 품절 되어서 살 수 없을 때, 손님 입장에서는 그 누구나 매우 아쉽기 마련이다. 이러할 때, 표제와 같이 표현하게 되면 손님에 대한 심적 배려는 전무하게 되고, 단지 품절을 알리는 통보형식에 그치기 십상이다. 왜냐하면 「もう」라는 부사에는 「もう、手遅れだ」、「もう、できない」 「もう、だめだ」와 같은 표현에서 엿볼 수 있듯이 다소 절망적인 뉘앙스가 담겨 있기 때문이다. 따라서 이 경우에는 「もう」를 「あいにく」로 바꾸어 표현하는 것이 좋을 듯하다. 「あいにく」에는 '이쪽도

유감스럽게 생각하고 있다'는 기분이 함축적으로 들어있기 때문이다. 우리말에서도 이러한 경우에 단지 '그 물건은 다 팔렸습니다'라고만 하는 경우를 종종 볼 수 있는데, 이러한 때는 역시 최대한 손님의 입장을 고려하여, '죄송합니다만, 그 물건은 다 팔렸습니다만'정도로 표현하는 것이 좋지 않을까 한다. 문말표현에 있어서도 '~습니다'라고만 하는 것보다는 '~습니다만'하는 식으로 여운을 남기는 것이 훨씬 정중한 느낌을 주게 될 것이다.

길에서 우연히 상사를 만났을 때

15. 「どこに」라고 한다면?

「どちらに」로 표현하는 것이 좋다. 「どこに」에는 구체적인 행선지나 지명을 요구하는 듯 한 어감이 서려있기 때문이다. 실제로, 길가에서 우연히 누군가를 만났을 때, 그 상대방이 어디를 향하고 있는가에 관심이 있는 경우는 매우 드물며, 그저 의례적인 인사말의 차원에서 쓰이는 경우가 일반적이다. 특히, 상사에게 그 행선지를 구체적으로 묻는 것 같은 인상을 주는 것은 매우 실례가 됨은 두말할 것도 없다. 이 경우의 「どちら」라는 말은 「どこ」를 다소 추상화시킨 말이 된다.

상대방회사에 오랜만에 전화를 걸어

16. 「しばらくです」라고 한다면?

「しばらく」는 '다소 오랫동안'정도의 시간 폭을 나타내는 말로, 표제의 「しばらくです」는 '오랫동안 연락을 못했다'는 사실을 그대로 표현하고 있는 정도밖에 되지 않는다. 전화 건 본인이나 상대방회사 사람이나 다 같이 오랫동안 연락이 없었음은 이미 알고 있는 사실이므로 그리 성의가 담긴 인사표현이라고는 할 수 없다. 역시, 이 경우에는 「ご無沙汰しております」로 표현하는 것이 좋다. 이 「ご無沙汰」라는 말에는 오랫동안 연락을 못취한 것에 대한 죄송함과 사과의 의미도 내포되어 있어서 그만큼 정중도는 높아지게 된다. 정중하게는 「ご無沙汰しています」, 보다 정중하게는 「ご無沙汰しております」, 최고로 정중하게는 「ご無沙汰致しております」로 표현하면 된다.

초상중인 상사에게

17. 「課長、このたびはかえすがえすも残念です」라고 한다면?

「かえすがえす」는 「返す」라는 동사를 중첩해서 부사로 쓰고 있는 말인데, '몇 번이고(かえすがえす頼む), 암만 생각해봐도(かえすがえす残念なことです)」와 같은 용법을 지니고 있다. 하지만, 이 말은 일본의 초상집 같은 데에서는 소위 忌み言葉(불길한 어감이 주어져서 사용을 기피하는 말)로 간주되어 그 사용이 회피되곤 한다. 따라서 초상중이거나 초상을 치른 일본인에게 이러한 말의 사용은 피하는 것이 바람직하다. 참고로 이와 유사한 忌み言葉에는 「しげしげ、重ね重ね、たびたび」와 같은 것들이 있다. 표제와 같은 장면에서 쓸 수 있는 가장 일반적인 표현으로는 「ご愁傷さまです」가 있다. 이 표현은 누군가가 죽었을 때, 그 가족이나 친척에게 널리 쓸 수 있는 유감표명의 정형화된 인사말이다.

상사보다 먼저 귀가할 때

18. 「今日はこれで帰ります」라고 한다면?

「失礼致します」로 표현하는 것이 바람직하다. 「帰る」는 귀가 행위를 너무나도 직접적이고 노골적으로 표현하게 됨으로서, 남아있는 상사, 즉, 귀가하고 싶어도 일 때문에 귀가할 수 없는 사람에 대한 심적 배려가 매우 결여되게 된다. 「失礼します」라는 표현은 상대방에게 약간의 실례를 범하거나 헤어질 때, 그리고 중간에 자리를 비울 경우 등에 상대방의 양해를 구하는 인사말이다. 한 가지 우리말의 경우와 다른 것은 전화를 끊을 때도 이러한 표현을 쓸 수 있다는 점이다. 이러한 점에서 볼 때, 「失礼します」는 우리말의 '실례하겠습니다'보다 그 사용범위가 다소 넓은 것으로 여겨진다.

거래처에 갑작스런 부탁을 하며

19. 「なんとか明日いっぱいで頼みます」라고 한다면?

표제의 경우에는 「お願いします」로 표현하는 것이 바람직하다. 「頼む」라는 말에는 자신의 사정만을 최우선적으로 고려하고 있을 뿐, 상대방의 사정 같은 것은 전혀 고려하지 않는다, 는 차원에서의 일방적인 부탁이라는 어감이 강하다. 반면에, 「お願いします」는 자신의 희망을 정중하게 의뢰한다는 느낌이 강하여, 당연히 정중도는 후자가 높아지게 마련이다. 결국, 「頼む」는 「頼む、この通りだ」, 「なんとか頼めないか」와 같이 상대방에게 일방적으로 무언가를 부탁할 때에 쓰이는 말임을 기억해 놓는 것이 좋다.

상사에게 할 말이 있을 때

20. 「課長、今どうですか」라고 한다면?

상위자에게 무언가의 용건이 있어서 찾아가거나 전화를 했을 때는 우선 반드시 그 상위자의 시간사정을 확인하는 습관을 들이는 것이 좋다. 그냥 다짜고짜 용건부터 단도직입적으로 꺼내는 것은 바람직한 상식인의 행동이 못된다. 표제의 경우에 사용된 「どうですか」는 동격이나 하위자에게 쓸 수 있는 말로서 상위자에게 사용하기는 매우 부적절하다. 이 경우에는 보다 정중한 표현으로서 「よろしいでしょうか」를 사용하는 것이 바람직하다. 「よろしい」는 「よい」에 대한 보다 정중한 말이다. 아울러, 우리말의 '이만하면 되겠습니까?'라고 상대방의 반응을 확인할 경우에도「これでよろしいでしょうか」로 표현하면 된다.

첫 대면에서

21.「こんにちは、わたくしが山田です」라고 한다면?

「はじめまして」로 인사하는 것이 좋다.「こんにちは」는 첫 대면에서 사용하기에는 부적절하다. 왜냐하면, 첫 대면인 만큼 상대방에 대한 정보가 전혀 없기 때문이다. 표제는 처음 보는 사람에게 자기소개를 하는 장면이므로, 어디까지나「はじめまして」로 소개를 시작하는 것이 좋다. 하지만, 처음 보는 사람에게「はじめまして」라고만 인사해서는 성의가 부족하게 여겨지므로 이어서 반드시 자신의 이름을 대는 것이 필요하다. 여담이지만, 종종 첫 대면에서 인사를 나눌 경우에 얼굴표정이 전혀 없는 사람을 볼 때가 있다. 역시 처음 만나서 인사를 나눌 때는 근엄한 표정보다는 살며시 미소 짓는 부드러운 표정이 더 좋은 인상을 줄 수 있지 않을까 한다. 실제로 무표정으로 인사를 하게 되면 그 자체가 상대방에게는 적지 않은 실례가 될 것이고 당연히 자신에 대한 첫인상도 좋을 수가 없게 될 것이다.

동물원에서

22. 「動物には決められた食べ物のほかは上(あ)げないでください」라고 한다면?

「上げる」는 '드리다'의 뜻으로 쓰이는 겸양어동사이기는 하지만, 그다지 경어도가 높은 편은 아니다. 따라서 상위자에게 무언가를 드릴 경우에는 보다 경어도가 높은 동사인 「差し上げる」를 사용하는 것이 좋다. 「上げる」는 어디까지나 「あたえる、やる」에 비해서는 정중도가 다소 높은 편이므로, 사람이나 사람에 관련된 사항이외에는 사용할 수 없다. 종종 애완동물에게 먹이를 준다거나 꽃에 물을 줄 경우, 「上げる」를 사용하는 경우가 있는데 이는 과다경어가 된다. 예를 들어, 어린이에게 「00ちゃん、窓のお花に水をあげてきてね」라고 쓰는 경우가 있는데, 이 역시 「上げる」 대신에 「やる」를 사용하는 것이 바람직하다.

동행에게

23. 「喫茶店でお茶をいただいてから帰りましょうか」라고 한다면?

원래 「いただく」는 「飲む、食べる」에 대한 겸양어동사이지만, 지금에 와서는 자신의 먹고 마시는 행위를 보다 품위 있게 나타내기 위한 정중어로서 빈번하게 쓰이고 있다. 표제의 경우는 차를 마시는 행위가 본인만이 아니라 동행인도 관련된 것이기 때문에 「いただく」를 쓰기가 적당치 않다. 물론, 본인만 차를 마시는 거라면 얼마든지「いただく」를 써도 무방하나, 아니, 쓰는 것이 바람직하나, 표제에서는 동행인도 함께 마시는 것이기에, 「飲んで」를 쓰는 것이 좋다. 자칫하면「いただく」를 씀으로서 동행인을 비하시키는 어감이 주어질 수도 있기 때문이다.

동행에게

24.「お食事の後は何に致しましょうか」라고 한다면?

위 (23)의 경우와 같은 사항이다.「致す」는「する」에 대한 겸양어동사이므로 어디까지나 말하는 사람자신의 행위에 대해서만 쓸 수가 있다. 하지만, 표제의 경우에는 본인자신만의 행위가 아니라 동행인도 포함된 공동행위임에도 불구하고.「致す」를 쓴 점에서 오용이 엿보인다. 이러한 경우에는 역시 겸양어동사「致す」가 아닌「する」를 써서「何にしましょうか」로 표현하는 것이 바람직하다. 결국, 혼자만의 행위가 아닌 동행인도 포함된 공동행위일 경우에는 어떠한 경우에도「いただく、致す」와 같은 정중어를 사용할 수 없는 것으로 확실하게 인식하여 둘 필요가 있다.

동행에게

25. 「これは滅多(めった)に拝見(はいけん)できない美術品だそうですね」 라고 한다면?

「拝見(はいけん)する」는 「見る」에 대한 겸양어동사이다. 하지만, 표제의 경우에는 「拝見(はいけん)する」의 대상이 미술품이므로 과다경어의 사용이 된다. 이 경우에는 「見られない」정도로만 표현하는 것이 무방하다. 아무리 정중함을 나타낸다고는 하나 그 정도가 지나치면 오히려 해가 되는 법이다. 그러나 만약 미술품을 제작한 작가가 곁에 있는 경우에는 그 작가를 의식하여 「拝見(はいけん)する」로 표현해도 무방할 것이다. 종종, 서간문에서 「お手紙、拝見(はいけん)しました」라고 표현하는 경우가 있는데, 이 경우에는 편지를 보낸 사람을 의식하여 겸양어를 사용한 것으로 보아야 한다. 아울러, 이러한 종류의 겸양어동사로서 「拝読(はいどく)する」 「拝聴(はいちょう)する」 「拝借(はいしゃく)する」 「拝察(はいさつ)する」 등이 있다.

(4) 경어의 실제연습

이제까지 학습한 경어법을 토대로 본격적인 경어연습에 들어가 보자. 다음에 열거한 문장은 경어사용상의 오용이 엿보이거나 상대방에 대한 예우가 전혀 되어있지 않은 보통체의 문들로만 구성되어 있다. 이 문들을 올바른 경어사용으로 고치거나 최대한 정중한 표현으로 바꿔나가는 연습을 하는데, 해당되는 곳에 밑줄을 긋고 바꿔나가기 바란다. 이 문들을 올바르게 고친 문장은 해설과 함께 이 책의 뒷부분에 실어놓았으니, 일단의 연습이 끝난 후 대조 확인하는 데 참고하기 바란다.

실제연습 1

勤務中本当にすみませんが、課長に私(わたくし)ごとで、折(お)り入(い)って頼みたいことがあります。もし都合(つごう)がよかったら、今週の日曜日に課長のうちへ行きたいと思いますが。

실제연습 2

休み中本当にすみません。許してください。前に会社でちょっと話したとおり、今度結婚することにしました。相手は、課長も知っているかと思いますが、経理部出納課(すいとうか)の田中みよこさんです。とても迷惑な願いですが、課長夫婦に、媒酌人(ばいしゃくにん)を頼みたいのですが、よく引き受けて下さい。

실제연습 3

今度、とても歴史のあるこの会に入会しました。工藤小太郎です。

この会は長い間憧れていて、今年の一月副会長の石川さん

と知り合いになり、石川さんの紹介で入会しました。私はこの上

ない名誉と、心から感謝しています。これから頑張って努力をし

ますから、よろしくお願いします。

실제연습 4

この前会った節にやったかと思いますが、私は田中です。本当

に無沙汰しています。変りもないようで。この前会ったときもらって

いると思いますが、もう一度名刺をもらえますか。

실제연습 5

これから二人は長い道程の人生街道を邁進する訳ですが、

幸せというものは、二人で一緒に力を合わせて探し求めるものである

と思います。どうか今日仲良く繋(つな)いだ手を、いつまでも、いつまで

も握り合って、大きな幸せを築(きず)き上げてくれるよう心から祈る次第です。

실제연습 6

これで、二人の結婚披露宴(ひろうえん)は、めでたく終りとします。司会者

不馴(ふな)れのため、何かと不行(ふゆ)き届(とど)きの点が多かったことを詫(わ)びます。

新郎、新婦と、列席してくれたみなさんの多幸を心より祈って終りと

します。

실제연습 7

今日の料理は、当地特産の竹(たけ)の子(こ)料理です。今ちょうど旬(しゅん)ですから、

味も最高かと思います。何卒(なにとぞ)遠慮なく十二分に食べてください。

실제연습 8

今後は十分注意して、二度とこのような迷惑をかけないから、

これからもよろしくお願いします。それから、なんでも構(かま)いません。

気づきの点があったら、教示(きょうじ)くれるようお願いします。

실제연습 9

課長、行って来ました。話がスムーズに進んで、成功しました。価格も数量も予定どおりの注文を受け、来月早々(はやばや)に届けることにしました。先方(せんぽう)の購買係りの石川さんという人、課長の名前を話の中で出したら、よく知っているといわれましてね、それから話はとんとん拍子(びょうし)に進んでね、いや、課長のおかげです。そのうち、もう一度サンプルを持って行ってみようと思っています。

실제연습 10

今いる場所は、東京駅の八重洲(やえす)口ですね、そうすると、駅の前に鉄道と並行して大通り(おおどお)がありますね、その大通り(おおどお)を背にして左方向に進んで下さい。約三百メートル位歩きますと、私たちの会社の看板を見ることができます。ビルの五階が会社の事務所ですから、エレベーターを使用して下さい。分かりましたか。それでは待っています。

실제연습 11

親切にありがとうございます。実はこの子には、電車の腰掛(こしか)けは大人の腰掛(こしか)けるところで、子供は立っているものだと教えていますから、子供が断(ことわ)ったと思います。折角(せっかく)の親切を断ってすみません。どうか気を悪くしないで許してください。

실제연습 12

みなさん、今日は多忙中のところを参列(さんれつ)してくれてとてもありがとうございました。大変待たせましたが、今から新郎新婦が入場するので、みなさんの心からの祝福(しゅくふく)を持って、盛大(せいだい)なる拍手(はくしゅ)で迎えてください。

실제연습 13

今から、山田太郎様と石田幸子様の、結婚披露宴を始めます。

私は新郎の山田太郎様とは、高校時代から親しく付き合っている

高橋孝一と言います。今日は司会という大役を言いつけられたのですが、

無事大役を務めるため、みなさんの力添えをお願いします。

실제연습 14

それでは私が聞いておきましょう。メモをするから、ちょっと待ってく

ださい。それではどうぞ。はい、来週の金曜日の午後二時、

頼んでいる原稿をとりに会社へ来る、それまでにぜひ間に合わ

せてほしい、そう言うと00はわかりますね、本当にすみません。

もう一度、誰なのか教えてくれませんか。それから電話番号も、

はい、わかりました。それでは復唱します。これでいいですね、

どうもとても失礼しました。確かに伝えます。

실제연습 15

本当にすみません。今連絡したところ、後(あと)十分位会議がかかると言っています。大変恐縮(きょうしゅく)に思いますが、ちょっと待ってください。会議が終わり次第知らせます。

실제연습 16

とても長いこと待たせてすみません。今00に督促(とくそく)したところ、まだ会議が終わらないので、とても迷惑(めいわく)をかけましたが、後日(ごじつ)、改(あらた)めて来てくれないかということでしたが、本当にすみません。

실제연습 17

長いこと待たせて、本当にすみません。もう読んだかも知れませんが、これは女性誌です。よかったらどうぞ。会議が終わったらすぐこちらへ来ることになっていますから、ちょっと待ってください。

(5) 전화상의 비즈니스일본어

걸려온 전화를 받고서

1. 「もしもし、OO商事でございます」라고 한다면?

전화를 받음에 있어서 「もしもし」는 불필요하다. 경우에 따라서는 촌각을 다투어야 할 기업에서 이런 말을 씀으로서 시간을 낭비할 필요는 없다. 따라서 「はい、00商事でございます」라고만 하면 된다. 일본의 경우, 명치시대(1968-1912)에 전화가 처음으로 들어왔을 때에는 「おいおい」라고 하다가, 나중에 「申す、申す」로 바뀌게 되고, 그것이 결국에는 「もしもし」로 축약된 것이다. 역시, 전화가 걸려오게 되면, 경쾌한 목소리로 「はい」라고 발음한 다음, 한 박자 쉬었다가 「00商事でございます」라고 하는 것이 바람직하다. 우리말에 있어서도 가정집이라면 모를까, 회사 내에서 전화를 받을 때는 '여보세요'라는 말은 전혀 불필요하며, 전화를 받고서는 바로 회사명과 자신을 밝히는 것이 좋다.

전화를 걸어서 바로

2. 「柴田(しばた)さん、いらっしゃいますか」라고 한다면?

전화라는 것은 어차피 상호간에 얼굴을 못 본채 대화를 주고받게 되므로, 전화 건 사람은 우선 자신의 이름부터 밝히는 것이 도리이다. 따라서 「山田(やまだ)と申しますが、柴田(しばた)さん…」이라고 하는 것이 상식에 맞다. 자칫, 자신의 이름을 밝히지 않은 바람에

상대방으로부터 이름과 신분을 확인받게 되는 망신을 겪지 않기 위해서라도 반드시 전화를 건 사람은 먼저 자신의 이름과 신분을 밝혀야 한다.

상대방이 전화를 받자마자

3.「企画の件について.....」라고 한다면?

전화를 걸어 자신의 신분과 이름을 밝힌 다음, 원하던 사람과 연결되게 되면, 곧바로 용건을 꺼내는 사람이 있는데 이것은 매우 잘못된 것이다. 말할 것도 없이, 상대방의 양해를 구한 다음 용건을 꺼내는 것이 예의이다. 왜냐하면, 전화상으로는 상대방이 보이지 않으므로, 상대방의 상태를 확인하거나 양해를 구하는 심적 배려가 당연히 필요한 것이다. 일본어의 경우는,「お忙しいところ恐れ入りますが」「今、お電話よろしいでしょうか」「お忙しいところ申し訳ございませんが」등이 주로 쓰인다. 이러한 매너는 비단 전화뿐만 아니라 상대방을 방문했을 때도 마찬가지로 적용되어야 한다. 뭐든지 시작과 끝은 정중하게 처리함으로서 상대방에게 좋은 인상을 주도록 할 필요가 있기 때문이다. 대체로 용건을 시작할 무렵에는 다음과 같은 인사말이 좋을 것이다.「お忙しいところをお呼び立てして誠に申し訳ありません」「今、少々時間をいただいてよろしいでしょうか」그리고 용건을 마칠 무렵에는「長い間お手間をとらせて、大変申し訳ありませんでした」「お蔭さまでとてもよくわかりました。誠にありがとうございました」결

국, 전화를 걸었을 때는 반드시 상대방의 사정을 확인하고, 끝낼 때는 감사표시를 하는 습관을 들이는 것이 비즈니스상의 전화사용에 있어서는 매우 중요하다.

바꿔야 할 사람이 안 보일 때

4. 「ちょっと、見当(みあ)たらないんですが」라고 한다면?

전화를 걸어 온 사람이 찾고자 하는 당사자가 자리에 없을 때, 표제와 같이 표현하게 되면 경우에 따라서는 일해야 할 사람이 잠시 놀러나갔거나 다른 부서를 쓸데없이 전전하고 있는 것 같은 인상을 줄 수도 있다. 왜냐하면, 「見当(みあ)たる」는 '무언가를 찾았지만 눈에 띄지 않는다'는 뜻을 지니고 있는 동사로, 주로 「見当(みあ)たらない」와 같은 부정의 형태로 쓰이기 때문이다. 따라서 이러한 때에는 「只今、席を外しております」라고 표현하는 것이 바람직하다. 아울러, 자리를 비우고 있는 동료나 상사의 행선지는 가능하면 상대방에게 알리지 않는 것이 좋다. 말할 것도 없이 경우에 따라서는 이러한 것 하나하나가 기업정보와도 연결될 수 있기 때문이다.

상대방의 전언을 들을 경우

5. 「よろしければ、ご用件を聞きますが」라고 한다면?

상대방이 전화를 걸어왔으나 찾는 당사자가 없을 때, 단지 자리에 없음을 전달해서는 결코 친절한 자세가 될 수 없다. 그

러한 경우에는 일단 당사자가 돌아오는 대로 전달해야 할 사항이나 조치사항 등이 있는지를 상대방에게 확인하는 자세가 중요하다. 그리하여 만약 상대방이 전언을 희망할 경우에는 즉시 책임감 있게 전언을 메모하는 성의를 보임으로써 프로다운 회사원의 면모를 나타낼 수 있는 것이다. 이 경우, 표제처럼 표현하면 무엇보다도 사무적인 딱딱함이 주어질뿐더러, 책임감도 결여된 듯이 느껴질 수 있다. 이럴 경우에는 전언을 듣게 되는 본인의 이름을 미리 정확하게 말해두는 것이 보다 책임감 있고 신뢰할 수 있는 태도가 된다. 다시 말해서, 이러한 경우에는「よろしければ、私柴田(しばた)がご用件を承(うけたまわ)りますが」와 같이 표현하는 것이 좋다. 특히, 예문에서 사용되고 있는「聞く」는 겸양어동사인「承(うけたまわ)る」로 바꾸어 표현하는 것이 보다 정중하다.

전언을 부탁할 때

6.「伝言(でんごん)してください」라고 한다면?

전화를 걸었으나 원하는 상대방이 자리를 비우고 있을 때는 전언을 부탁할 수가 있는데, 그러한 때 표제처럼 표현하게 되면 부탁받는 사람에게 대단한 실례가 될 것이다. 왜냐하면 표제는「～てください」를 사용함으로써 명령조의 표현이 되어있을뿐더러 부탁할 상대방의 사정은 전혀 고려하지 않고 있기 때문이다. 경우에 따라서는 상대방은 매우 분주하고 복잡한 상황에 놓여있을지도 모르는 일이며, 전화상으로는 그러한 점이 확인되지 않는 것이다. 따라서 이러한 경우에는 보다 정중하게, 「恐れ入りますが、ご伝言をお願いできますか」로 표현하는 것이 좋다. 물론, 「恐れ入りますが」대신에 「ご面倒でしょうが」「お手数でしょうが」와 같은 표현을 앞에 붙이는 것도 매우 좋을 것이다. 둘 다 '귀찮으시겠습니다만', 또는 '번거로우시겠습니다만'의 뜻으로 널리 사용되는 정중한 표현이다.

찾는 사람이 부재중일 경우

7. 「戻ったら電話するように伝えてください」라고 한다면?

이렇게 표현할 경우, 이 역시 위의 (6)과 같이 명령조로 비춰질 수 있다. 전화를 받은 사람은 전화 건 사람과는 일단 무관한 관계이므로 어디까지나 정중하게 부탁을 해야 할 필요가 있다. 또한, 표제에서는 이뿐만 아니라, 전화 걸 사람에 대한 경어도 전혀 사용하고 있지 않다. 결국, 전화 받은 사람이나 전화를 걸 사람 양자에 대하여 공히 경어를 사용하지 않고 있는 셈이다. 이래가지고는 결코 상식적인 사회인이라 할 수가 없다. 따라서 표제의 경우에는 「戻ったらお電話くださいますよう、お伝え下さい」로 표현하는 것이 바람직하다. 이렇게 표현함으로서, 전화 걸 사람에게나 전달하는 사람 모두에게 공히 경의를 표할 수 있게 되는 것이다.

부재중인 사람이 돌아오는 데로 전화 걸게 할 경우

8. 「あとで柴田に電話させます」라고 한다면?

표제의 경우 역시 전화를 걸어 온 사람에 대한 언어적 예우가 전혀 담겨져 있지 않다. 또한, 사역형을 씀으로서 매우 사무적이고 딱딱한 어감마저 자아내고 있는 셈이 된다. 어떠한 경우에도 타인에 대하여는 최대한 정중한 말씨를 평소 사용할 수 있도록 체득하여 두는 것이 중요하다. 표제를 보다 정중한 표현으로 고치면, 「あとでお電話差し上げるよう柴田に申し伝えます」와 같이 표현하는 것이 좋을 것이다. 참고로 「申し伝える」는 「言い伝える」에 대하여 보다 정중한 표현이 된다. 우리말에서도 이러한 경우에는 상대방의 연락처를 확인한 다음에 '나중에 전화 드리도록(전화 올리도록) 00에게 전하겠습니다. 저는 000입니다'로 표현함으로서 예의바르고 세련된 전화매너를 실천할 수 있게 될 것이다.

상대방의 목소리가 잘 들리지 않을 경우

9. 「恐れ入ります。お声が遠いのですが」라고 한다면?

전화로 통화하다보면 상대방의 목소리가 잘 안 들릴 때가 있는데, 이는 전화회선의 상태가 좋지 않거나, 수화기가 불량인 경우, 그리고 상대방의 목소리가 작거나 하는 등, 여러 가지 원인이 있을 수 있다. 그렇다고 해서, 표제와 같이 표현할 경우,

상대방의 탓으로 무조건 전가하는 인상을 줄 수가 있으며, 또한 실제로 상대방은 적당한 볼륨으로 말하고 있으나 회선이나 기타이유로 인하여 목소리가 작게 들릴지도 모를 일이다. 따라서 이러한 경우에는 일단 전화의 탓으로 돌려서 우회적으로 개선을 요구하는 것이 바람직하여, 「恐れ入ります。お電話が遠いのですが」와 같이 표현하는 것이 좋을 것이다. 물론, 전화상에서는 항상 또렷한 발음과 적당한 볼륨으로 표현하는 습관을 평소 체득하는 것이 중요함은 말할 것도 없는 일이다.

상대방이 신분을 안 밝혔을 때

10. 「どちら様ですか」라고 한다면?

전화를 걸어 온 사람이 종종 자신의 신분을 밝히지 않는 경우가 있다. 이러한 때 표제와 같이 표현하면 항의같이 비춰질 수 있으므로(실제로는 항의의 뜻이 담긴 경우도 있을 것이며, 또한 한편으론 이런 항의를 받아 마땅하지만), 「失礼ですが」「恐れ入りますが」와 같은 말을 앞에 붙이도록 한다. 하지만, 「失礼ですが、どちら様ですか」라고만 표현해도 역시 무언가 틀에 박힌 말투이거나 힐난조의 말투로 비춰지기는 마찬가지이다. 이러한 때는 역시 「管理部の00ですね、かしこまりました。大変失礼ですが、お名前をお聞かせくださいませんか」로 표현함으로서 보다 세련되고 단정한 경어표현이 되는 것이다.

내용이 길어질 전화인 경우

11. 「先日の会議で出た件ですが」라고만 한다면?

전화를 건 사람으로서는 상대방이 어떠한 상태에 있는지를 전혀 알 수가 없게 마련이다. 누군가와 상담중일 수도 있고, 전화통화중일 수도 있다. 경우에 따라서는 분초를 다투는 시급한 문서를 작성하고 있을지도 모른다. 따라서 전화를 건 사람은 마땅히 상대방의 상태를 확인하는 습관을 들여놓아야 하며, 이렇게 함으로서 예의바른 비즈니스맨으로 평가될 수 있을 것이다. 사람에 따라서는 전화가 연결되자마자 상대방의 사정은 아랑곳하지 않고 다짜고짜 용건부터 일방적으로 꺼내는데, 이는 결코 예의바른 사회인의 자세가 아니다. 물론, 전화의 내용이 길어질 경우라면, 사전에 상대방의 시간사정을 확인하는 것도 마땅히 갖추어야 할 자세이다. 일본어의 경우라면, 「今、お時間はよろしいでしょうか」라고 한마디 곁들인다. 우리말의 경우 '말씀드릴 내용이 좀 길어질 거 같은데 시간 괜찮으시겠습니까?'정도의 한마디를 곁들이는 것이 좋을 것이다.

상사의 가족에게서 전화가 걸려왔을 때

12. 「課長、奥様からです」라고 한다면?

회사는 어디까지나 개인의 사교장이 아니어서, 가능하면 사적인 전화는 삼가는 것이 좋다. 그렇다고는 하나, 부득이한 경우에는 사적인 전화, 특히 가족으로부터 전화가 걸려올 수도

있다. 표제의 경우는 가족으로부터 과장에게 사적인 전화가 걸려온 경우인데, 이런 식으로 전화를 연결하면 결코 상사로부터 센스 있는 부하라는 평가를 받기는 어려울 것이다. 왜냐하면 과장으로서는 주위사람들에게 사적인 전화가 걸려왔음이 노출되게 되기 때문인 것이다. 이러한 경우에는 단지 전화가 걸려왔음을 알리는 것만으로 충분할 것이며, 혹시 누구에게서 전화 왔는지를 묻게 되면, 살짝 알려주는 식의 요령이 좋을 것이다. 일본어의 경우라면 「課長、電話です」우리말의 경우에도 '과장님, 전화 왔습니다'정도면 충분할 것이다.

자신의 이름을 밝힐 때

13. 「柴田(しばた)です」라고 한다면?

누군가에게 자신의 이름을 밝힐 때, 앞뒤가 확실하게 끊어지는 식으로 말하게 되면 경쾌한 느낌을 줄지는 모르지만, 그만큼 사무적이고 딱딱한 느낌을 주게 될 수도 있을 것이다. 이 점에서는 우리말도 마찬가지인데, 일본어에서는 이러한 경우 대체로 문 말에 조사「が」、「けれど」「けど」 등을 붙여서 발음하는 것이 좋다.「が」、「けれど」「けど」와 같은 조사는 문 말에 접속되어 전반적인 어감을 부드럽게 해 주는 역할을 하기에 충분하다. 사실은 원래 접속조사이지만, 이 경우에는 이미 종조사로 전환된 것만 같은 느낌을 주는 말이다. 따라서 표제의 경우에는 「柴田(しばた)ですが、柴田(しばた)ですけど」와 같이 표현하는 것이 바람직하다.

전화상에서 숫자를 말할 때

14. 「7을 しち、0을 れい」라고 한다면?

상대방이 볼 수 없는 상태에서 대화를 나누는 것과 얼굴을 마주 보면서 대화를 나누는 것과는 큰 차이가 있다. 후자의 경우에는 음성언어이외에도 신체언어, 표정, 분위기 같은 부수적인 비언어정보의 뒷받침이 있기 때문이다. 전화상에서는 특히 숫자의 경우, 유사한 발음의 숫자로 인하여 자칫하면 못 알아듣거나 잘못 알아들게 되는 경우가 많은데, 일본어의 경우에는 「しち」같은 모음의 무성화가 일어나는 숫자, 그리고 「れい」같은 장모음이 일어나는 숫자가 그러하다. 따라서 이러한 경우에는 「なな」「ゼロ」와 같은 분명한 발음의 숫자로 바꾸어 발음하는 것이 좋을 것이다. 자칫하면 중요한 숫자의 오류가 있을 수도 있기 때문이다.

찾는 사람이 부재중일 때

15. 「OOは席を外しております」라고 한다면?

전화가 걸려왔을 때, 찾는 사람이 출타 중이거나 잠시 자리를 비우고 있어 연결해 주지 못하는 경우는 얼마든지 있을 수 있다. 이러한 때, 표제와 같이 표현하면, 마치 그것은 자동응답기에 지나지 않는 응대가 되며, 전화를 건 사람도 친절하지 못하다는 생각을 할 수 있게 된다. 결국은 본인은 물론이거니와 회사의 이미지도 아울러 손상되게 되는 것이다. 이러한 때는

보다 적극적이고 친절한 자세로, 당사자가 돌아오는 데로 이쪽에서 전화를 걸게 할 의사가 있거나, 또는 전달할 사항을 확인하는 등의 후속조치를 취하는 것이 좋다. 결코 잊지 말아야 할 것은 남에게 친절을 베풀어서 손해 볼 일은 별로 없다는 사실이다. 표제의 경우, 일본어 같으면 「わたくしは00の同僚の柴田ですが、わたくしでよろしければ、ご用件をうけたまわりますが」, 또는 「00は席を外しておりますが、 もしご伝言がおありでしたらお聞き致します」정도로 표현하는 것이 바람직할 것이다.

총무부로 잘못 걸려왔을 때

16. 「こちらは総務部ですが」라고 한다면?

일상생활에서 뜻하지 않게 전화가 잘못 연결되는 일은 흔히 있는 일이다. 여기에는 여러 가지 이유가 있어서 본인이 번호를 잘못 알고 있는 경우, 또는 번호를 잘못 선택한 경우, 혹은 전화회선이 일시적으로 잘못 연결된 경우 등의 요인이 있을 것이다. 문제는 잘못 연결된 것에 있는 것이 아니라, 잘못 연결된 경우의 정중한 사과태도와 잘못 연결되어 걸려온 경우의 친절한 응대가 중요한 것이다. 표제는 전화가 잘못 연결되어 그만 총무부로 걸려온 경우이다. 이러한 때, 자신이 속한 부서가 아니라는 이유로 냉담하게 응대하고 끊어버리는 경우는 없는가? 하지만, 생각해보면 영업부이건 총무부이건 다 같은 회사 내의 부서이다. 따라서 우리 회사에 전화를 걸어온 손님의 입장을 충분히 고려하여 친절하고 정중하게 응대를 하는 한편, 가능하

다면 전화 건 사람이 원하는 부서로 전화를 연결하도록 하는 것이 올바른 태도요 자세이다. 만약 표제와 같이 응대해 버리면, 마치 “전화 좀 똑바로 걸어라”하는 식의 힐난조로 비추일 수도 있을 것이다. 일본어의 경우, 표제는 「こちらは総務部です。すぐ営業部へお取り次ぎ致しますので今しばらくお待ちください」라고 말할 줄 알아야 비로소 제몫을 다하는 직장인이라 할 수 있을 것이다.

상사의 자택에 전화했으나 부인이 받았을 때

17. 「ご主人をお願いします」라고 한다면?

업무연락이 있어 상사의 자택으로 전화를 했으나, 마침 부인이 전화를 받았을 때, 「私、00工業の00ですが、ご主人をお願いします」라고만 해서는 실격이다. 아무리 업무상이라고는 하나, 이렇게 되면 상대방을 무시한 셈이 되어서 대단한 실례가 되는 것이다. 이러한 때는 「私、00工業の00ですが、いつもご主人様にはお世話になっております」라고 정중한 인사를 곁들이는 것이 바람직하다. 만약, 전화를 받은 사람이 부인인지를 모를 경우에는 「失礼ですが、奥様でいらっしゃいますか」라고 물어본 다음에 인사를 하는 것이 바람직할 것이다.

다음에 일본어로 전화 받는 과정에서 꼭 필요한 문구들을 열거해 둔다. 최대한 몸에 익혀 놓음으로써 언제든지 수시로 쓸 수 있도록 하기 바란다.

· 수화기를 들고 —「00工業購買課の柴田(しばた)でございます」

「購買課の柴田(しばた)でございます」

· 상대방을 확인할 때 —「失礼ですが、どちらさまでしょうか」

· 인사를 할 때 —「いつもお世話(せわ)になっております」

「いつもご迷惑をおかけいたしております」

「いつもお引き立てを頂いておりましてありがとうございます」

「ご無沙汰(ぶさた)致(いた)しております」

「いつもお元気のご様子で何よりです」

· 전화를 다른 부서로 돌릴 때 —「ただいま、まわしますから、しばらくおまちください」

· 전화를 잘못 걸었을 때 —「失礼いたしました。番号をまちがえました」

· 전화가 잘못 걸려왔을 때 —「こちらは00です。番号をおまちがえではないでしょうか」

▶ 전화의 실제 예

다음으로 실제로 전화를 걸어 이야기를 주고받는 다양한 경우를 예시한다. 각 경우별로 쓰이고 있는 어법을 차분히 음미함으로서 보다 정중하고 짜임새 있는 표현을 체득할 수 있기 바란다.

1. 회사로 전화를 걸어, 대학선배가 근무하고 있는 부서를 확인하고자 하는 경우.

交換「はい、三菱(みつびし)商事でございます」

真美(まみ)「わたくし、00大学四年の小峯(こみね)真美(まみ)と申します。どちらのセクションかはわからないのですが、 同じ00大学ご卒業で00年に入社なさった中園(なかぞの)洋子(ようこ)さんをお願いしたいのですが」

交換「どのようなご用件ですか」

真美「実はわたくし現在就職活動中で、大学の先輩がたにお話をうかがい、 会社研究をしています。 就職部の卒業生名簿で調べたところ、御社(おんしゃ)に中園(なかぞの)さんが入社されていることがわかったのですが、 あいにくセクションまで出ていませんでした。 お手数(てかず)ですが、調べていただけませんでしょうか」

交換「では人事課におつなぎいたしますので、少々お待ちください」

人事「はい。人事課です」

真美「わたくし00大学英文学科四年の小峯(こみね)真美(まみ)と申します。実はわたくし商社への就職を希望しておりまして、 商社で働いておられる先輩がたにお話をうかがって会社研究をしています。そこで、就職部の卒業生名簿で調べたところ、00年に御社(おんしゃ)に中園(なかぞの)洋子(ようこ)さんが入社していらっしゃることがわかったのですが、あいにくセクションまで出ていませんでした。ぜひ中園(なかぞの)さんにお話をうかがいたいと思いますので、 お忙しいところ申し訳ありませんが、お調べ願えませんでしょうか?」

人事「いいですよ。00年に入社の中園洋子(なかぞのようこ)ですね。ちょっとお待ち下さい...... 中園洋子は広報課におります。電話を回しますので、そのままお待ちください」

2. 선배에게 경과를 보고하고 상담하는 경우.

初美(はつみ)「先日はお忙しいなかを、ありがとうございました。おかげさまで、今日、会社へうかがい、人事のかたとお話をしてきました」

先輩「そうですか。それはよかったですね。それで、どうでした?」

初美「はい。人事の川端(かわばた)さんとおっしゃる担当のかたが、大学での専攻や卒論、志望動機について簡単に質問されました。先輩がおっしゃっておられたとおり、フランス留学と語学に強いという点に興味をもっていただけたらしく、 それについて特につっこんで聞かれました」

先輩「やはり、語学が堪能(たんのう)な人は、会社にとってある程度魅力ですからね。その点はアピールしていいと思いますよ」

初美「はい。でも、興味をもっていただけたのはいいんですが、質問のされ方から、あまりいいイメージをもたれなかったような気がするんです」

先輩「まあ、その辺は先へ進んでみないことには、何とも言えないけれど。わざと意地悪な質問をしたり、というのは、よくあることだから、あまり気にすることはないんじゃない? ただ今度からは、語学だけを強調するのでなくて、留学したことで、物事に対する視野が広がった、とか柔軟性ができた、という表現をしたほうが、むしろポイントは高いんじゃないかしら」

初美「はい、そうですね。次回の時にはその点に重点を置いて話したいと思います。本当に参考になります」

先輩「今度はいつ訪問?」

初美「まだ決っていませんが、後日(ごじつ)連絡をいただけることになっています。決まりましたら、また連絡させていただきます。ありがとうございました」

3. 타사로부터 채용내정을 받은 사실을 통보하는 경우.

亜弓(あゆみ)「わたくし、御社(おんしゃ)の採用について、お話をうかがいました小松原(こまつばら)亜弓(あゆみ)です。その節(せつ)は、お忙しいなかを、ありがとうございました」

先輩「いいえ、それで、ご用件は何ですか?」

亜弓「はい。実は今日は、他社から内定をいただいてしまいましたので、お知らせかたがた、ご相談にのっていただこうとお電話致しました」

先輩「そうですか。で、相談って言うのは?」

亜弓「実は内定が出たのは同業の会社なのですが、就職活動を進めて来て、わたくしのなかでは、やはり御社(おんしゃ)、杉野(すぎの)食品で働きたいという気持ちが強くあります。しかし、内定を断ってしまうのもどうかと思いますし、返事は明日まで待って頂いているのです。就職部にも相談したのですが、結局は自分で決めなければならないことですので。そこで、先輩に採用の様子を少しでもおうかがいできたら、と思い、お電話した次第です」

先輩「そうですねえ。でも、私が、感触(かんしょく)がいいなんて言ったために、そちらの会社を断ってしまって、万一うちも落ちたらどうするの?」

亜弓「はい。どうしても杉野(すぎの)食品に入りたいという気持ちがあるのですから、あちらを断るべきだということは承知(しょうち)しているのですが、わたくしとしてもしぼり込んでおりますだけに、やはり確実な方を選んだ方がいいのではないかという気もするのです。何度かお会いして、先輩や人事のかたにとてもよくしていただいたものですから、甘える気持ちが出てしまいました。申し訳ありませんでした。」

비즈니스문서 편

비즈니스문서 편

이제부터는 본격적으로 비즈니스문서를 다루고자 한다. 비즈니스문서라고 하면, 사무실에서의 메모에서부터 각종 보고서, 의뢰서, 통지서, 주문서, 조회서, 회의록 같은 것을 들 수가 있다.

(1) 비즈니스문서의 작성요령

비즈니스문서에 속하는 것으로는 다음과 같은 것을 들 수가 있다.

업무상의 메모 / 통지서 / 품의서 / 기획서 / 보고서 / 의뢰서 / 회의록 / 소개장 / 회신 / 독촉장 / 안내장 / 초대장

이하, 이러한 각종 문서를 작성함에 있어서의 요령을 열거하여 둔다.

1) 비즈니스문서는 가능하면 한 페이지로만 작성하도록 한다.

훌륭한 비즈니스문서는 각종 미사여구가 장황하게 나열되어 있는 것이 아니라, 간단명료하게 문서작성의 목적이 명기되

어 있는 것을 말한다. 이렇게 작성하기 위해서는 어디까지나 핵심에서 벗어난 불필요한 요소를 없애고 작성의 목적이 분명하게 정리되어 있어야만 한다. 이렇게 되면 읽는 쪽에서도 앞뒤 페이지를 뒤척이는 일이 없이 단 한 페이지로 읽을 수 있어서 그만큼 이해도 빠르고 시간도 절약되게 된다. 물론, 서류철에 정리하는 경우에도 편리한 것은 말할 것도 없을 것이다. 어떤 최고경영자는 제출된 보고서가 한 페이지이상이 되면 읽지도 않고 반려했다고 하는데, 이것이야말로 비즈니스문서는 간결해야만 한다고 하는 사실의 암시가 될 것이다.

2) 작성에 앞서 내용을 항목별로 나눈 다음, 전체적으로 조합을 한다.

예를 들어 보고서 같은 것을 작성할 때, 요구되는 것은 스피드와 정확성일 것이다. 하나의 보고서를 작성함에 있어서 시간이 많이 걸리는 것도 문제이지만, 작성한 다음에 누락된 부분이 있어서는 더욱 문제가 될 것이다. 이것을 방지하기 위해서는 우선 내용을 항목별로 하나씩 나열한 다음에 그것을 순서대로 배열하는 방식이 바람직하다. 결국, 무턱대고 생각나는 대로 작성하기 시작하는 것보다는 이러한 방식을 취하게 됨으로서 내용의 누락도 방지할 수 있을 뿐만 아니라, 작성시간도 훨씬 단축할 수 있게 될 것이다.

3) 알기 쉬운 비즈니스문서를 작성하기 위해서는 내용을 세 가지로 나눈다.

비즈니스문서는 무엇보다도 쉽고 이해하기 쉽게 써야함은 두말할 것도 없다. 불필요한 요소가 많고 정리되지 않은 문이 되어서는 결코 안 되는 것이다. 이를 위해서는 내용을 세 가지 요소로 나누어서 쓰는 것도 하나의 방법인데, 우선 「はじめに」로 서론을 시작하고, 「さて」로 본론을 제시한 다음, 「なお」로 결론을 도출하는 방식이 바람직하다. 다시 말해서 웬만한 내용은 이와 같이 세 가지 단락으로 정리하면 내용도 충분히 전달될 수가 있어서 읽는 사람으로 하여금 한 눈에 이해하기 쉬운 문을 작성할 수 있는 셈이다. 이것은 단지 비즈니스문서의 작성에 있어서뿐만 아니라, 무언가 복잡한 것을 단순화하고자 하는 경우에도 충분히 적용할 수 있는 논리인 셈이다.

4) 비즈니스문서는 하나의 문이 너무 길지 않도록 단문을 구사하도록 한다.

비즈니스문서에 있어서 하나의 문이 너무 길게 되면 읽는 사람을 지치게 할뿐만 아니라 무엇을 나타내고자 하는 것인지 내용을 파악하는 것조차 힘들게 한다. 능률을 중시하는 비즈니스계에서는 무엇보다도 읽는 사람이 지치지 않고 빨리 내용을 파악할 수 있게 하는 문을 작성할 필요가 있다. 따라서 하나의 문이 길어봤자 50자 이내로 그치는 단문을 구사하는 것이 중요하며, 이러한 단문을 구사함으로서 본래의 목적이나 기능을 다하게 될 것이다. 다음은 하나의 문이 너무나 길게 구사된 예이다.

「先生には過日、当社の研修に遠路はるばるご出講いただき、受講者一同感激している次第ですが、とくに小生が感じたのは、日頃漠然と思っていたことを、先生より歯に衣を着せずにご指摘いただき、今更のごとく、先生の言われる行き詰まったら自分の素朴な感じを重点にせよということで.........」

5) 비즈니스문서에서 하나의 문 속에 読点은 최소한 하나를 찍도록 한다.

비즈니스문서에 있어서 부정확한 문장이나 읽기 어려운 문장은 당연히 실격인데, 이것을 방지하기 위한 하나의 방법이 바로 読点(、)을 찍는 데에 있다. 다음의 문을 읽어보자.

「明日は雨が降る天気ではない」

위의 문에는 読点이 전혀 없어서, 「明日は雨が降る、天気ではない」로 하면 내일은 비가 오는 셈이 되고, 「明日は、雨が降る天気ではない」로 하면 내일은 비가 오지 않는다고 하는 셈이 된다. 따라서 이러한 불필요한 오해를 방지하기 위해서라도 하나의 문에는 최소한 하나의 読点을 찍도록 하는 것이 바람직하다. 그런데 이 読点을 어디에 어느 정도로 찍을 것인가는 정해

져 있지 않아서 일단은 문을 다 작성한 다음에 다시 한 번 검토하는 과정에서 적절하게 찍는 것도 하나의 방법이 될 것이다.

6) 비즈니스문서에서는 常体와 敬体를 혼용하지 않도록 한다.

일본어에서는 文体가 보통 常体와 敬体의 두 가지로 나누어지며, 常体는 다시 「だ体」와 「である体」로 나누어지고, 敬体는「です、ます体」와 「であります体、でございます体」로 나누어지고 있다. 常体는 일반적으로 보고서나 기획서 등에서 쓰이고, 敬体는 서간문에서 주로 쓰인다. 일반적으로 정중하면서도 친근감을 주는 데는 「です、ます体、でございます体」가 적절하며, 공적이고 격식을 차려야 할 경우에는 「である体」가 적절할 것이다. 따라서 비즈니스문서에서는 이와 같은 문체를 통일하여 구사하여야 하며, 어떠한 경우일지라도 常体와 敬体를 혼용하는 일이 있어서는 안 된다.

7) 비즈니스문서에서는 「?」「!」과 같은 부호는 가능하면 쓰지 않는다.

문장작성 중에 쓰이는 부호는 매우 다양해서 「?」「!」「!!」「!?」「......」와 같은 것이 흔히 쓰이곤 하는데, 이러한 부호는 대체로 일정부분을 강조하거나 상대의 이해를 돕기 위한 것으로 여겨진다. 하지만, 이와 같은 부호를 비즈니스문서에서 사용하게 되면 번잡함이 느껴질 뿐만 아니라 문서의 품위도 떨어지게 되

므로 사용을 자제하는 것이 좋다. 따라서 굳이 강조하고 싶거나 상대의 이해를 돕고 싶은 부분이 있으면 그에 상응하는 표현을 별도로 쓰는 것이 바람직할 것이다. 아울러 사적인 문서일지라도 이와 같은 부호를 윗분에게 쓰게 되면 실례가 될 수도 있으므로 그다지 사용하지 않는 것이 좋다. 참고로 일본어에서 주로 쓰이는 부호는 句点(くてん)「。」과 読点(とうてん)「、」정도라고 생각하면 좋을 것이다.

8) 비즈니스문서에서는 작성을 끝낸 다음에 반드시 전체를 다시 읽어보도록 한다.

아무리 문서작성을 잘 했다고 해도, 오자나 매끄럽지 못한 표현이 한군데라도 있다면 비즈니스문서로서는 실격이다. 따라서 문서작성을 끝낸 다음에는 반드시 처음부터 다시 한 번 체크해보는 습관을 평소에 체득해두도록 하는 것이 바람직하다. 즉, 오자나 탈자는 없는지, 용어나 표현에 이상은 없는지, 그리고 주어와 술어의 관계, 수식어의 관계 등, 전반적으로 이상하거나 매끄럽지 못한 부분은 없는지를 철저하게 점검하도록 한다. 이와 같이 사후체크를 몸에 익혀두는 습관은 비단 비즈니스문서의 작성에 있어서뿐만 아니라 모든 일의 처리에 있어서도 마찬가지로 적용될 수 있을 것이다.

(2) 비즈니스문서의 체계

보통, 비즈니스문서는 전화와 달리 다음과 같은 특징이 있다.

① 상대방이 읽고 싶을 때에 언제든지 읽을 수 있다.

② 상대방에게 메모를 하게 할 필요가 전혀 없다.

③ 상대방은 몇 번이고 되풀이하여 읽을 수가 있다.

④ 대답이 필요한 경우에는 충분한 시간을 들여 내용을 검토할 수 있다.

⑤ 경우에 따라서는 오랫동안 문서를 보관할 수 있다.

⑥ 용건을 오해 없이 잘 전달할 수 있다.

⑦ 문자를 여유 있게 표현하는 것이므로 표현의 실수를 방지할 수 있다.

이렇듯이 편리한 점도 많은 비즈니스문서이지만, 거기에는 일정한 형식이 존재하게 된다. 특히, 일본의 비즈니스문서에 있어서는 인사표현 등에 있어서 여러 가지로 정하여진 표현문구가 지극히 많으므로 그 중, 몇 가지만 머릿속에 주입해 놓으면 다양한 비즈니스문서를 작성할 때에 많은 도움이 될 것이다.

비즈니스문서는 원칙적으로 前文과 本文, 그리고 末文으로 구성되게 된다. 가로쓰기의 경우에는 왼쪽 상단에 받는 사람의 회사와 직명, 이름을 쓰며, 오른쪽 상단에는 문서번호와 발송날짜를 기입한다. 그리고 받는 사람의 이름에서 한 칸 밑의 오른쪽에는 보내는 사람의 회사와 직명, 이름을 쓰게 된다. 받는 사람의 이름에는 경칭을 붙이게 되는데, 비즈니스문서에서의 경칭은 주로 様가 쓰이는 것이 일반적이나, 여기에서는 편지에서 주로 쓰이는 경칭을 열거해놓고자 한다.

▶ 敬称

様 → 상위자, 아랫사람, 친숙한 사람, 친숙하지 못한 사람, 그리고 남녀의 구분 없이 널리 사용한다.

先生 → 상대방이 교사, 예술가, 의사, 변호사, 국회의원인 경우에만 사용한다. 특히 은사에게는 반드시 先生를 사용한다.

殿(どの) → 공문서, 안내장 같은 공적인 경우에 직명 다음에 사용한다.

大兄(たいけい) → 선배에게 사용한다. 정중함을 보다 높이 나타내고자 할 때에는 동년배 또는 친구에게도 사용할 수 있다.

学兄(がっけい) → 大兄(たいけい)와 같은 용법으로 사용한다.

御中(おんちゅう) → 관청, 단체, 학교 등에 보낼 때 사용한다.

各位(かくい) → 받는 사람이 여러 명일 때 사용한다.

▶ 前文

前文이라함은 本文에 들어가기 전의 도입부를 말하는 것으로, 여기에는 頭語(とうご)와 계절인사, 그리고 본문으로의 도입인사가 포함된다.

▶ 頭語

頭語(とうご)라는 것은 편지의 처음에 오는 말로 문장작성을 일으키는 표시라는 의미로 쓰인다. 상위자에 대해서는 「拝啓(はいけい)、謹啓(きんけい)、恭啓(きょうけい)、粛啓(しゅくけい)」등이 사용되는데, 일반적으로는 「拝啓」가 가장 많이 사용된다. 「拝啓(はいけい)」보다 조금 더 정중하게 표현하고자 할 때는 「謹啓(きんけい)」를 사용하면 되나, 일단, 頭語(とうご)로서는 「拝啓(はいけい)」하나만 기억해 두면 족하다. 頭語(とうご)요소의 일부인 「啓」에는 「申し上げる」의 의미가 내포되어 있으므로, 결국 이 頭語(とうご)는 '삼가 말씀 올립니다'라는 겸손의 뜻을 나타내는 셈이다. 하지만, 여성의 경우에는 「謹啓(きんけい)、恭敬(きょうけい)、粛啓(しゅくけい)」가 다소 딱딱한 느낌을 줄 수 있으므로 사용하지 않는 편이 좋다. 역시 여성의 경우에는 「拝啓(はいけい)」를 사용하거나, 아니면 「一筆(いっぴつ)申し上げます」와 같은 부드러운 표현을 쓰는 것이 바람직하다. 아울러, 前文을 아예 생략하고자 할 때는 「前略(ぜんりゃく)」라고만 쓰고 바로 본문에 들어가면 되는데, 다소 급한 내용의 편지일 경우에 부담 없이 사용할 수가 있다.

이제까지는 편지를 보낼 경우이지만, 받아본 편지에 대한 답장을 보낼 경우에는 頭語(とうご)가 달라져서, 「拝復(はいふく)」「復啓(ふっけい)」와 같은 것이 사용되는데, 이 중에서 주로 「拝復(はいふく)」만을 쓰는 것이 일반적이다.

이상의 頭語(とうご)는 편지를 쓸 때, 前文의 맨 처음에 사용하는데, 이러한 頭語(とうご)는 末文의 結語와 한 세트로 작용하는 것이므로 사용에 주의하여야 한다. 아울러, 이러한 頭語(とうご)는 비즈니스문서이건 사적인 편지이건 상관없이 널리 사용되고 있다.

▸ 계절인사

계절인사는 단지 편지형식의 한 부분에 지나지 않는 것이 아니라, 어디까지나 상대방의 마음을 부드럽게 해주는 한편, 본문에 들어가기 위한 마음의 준비를 갖추는 부분으로 생각하여야 한다. 따라서 상대방의 공감을 불러일으킬 만한 내용의 계절인사를 곁들이도록 노력할 필요가 있다. 보통, 회사로 보낼 경우에는 계절인사 다음에 바로 상대방회사의 발전과 번영을 기원하는 표현을 넣는 것만으로 前文은 완성된다. 아래에, 일반적으로 계절에 맞추어 널리 쓰이는 계절인사를 열거해 두니, 적당히 선별하여 사용하기 바란다. 문장체와 구어체의 두 가지를 열거하는 바, 이 중의 어느 것을 사용해도 상관이 없다.

▸ 문장체

1월 → 厳寒(げんかん)の候(こう)、酷寒(こっかん)の候(こう)、厳冬(げんとう)の候(こう)

2월 → 余寒(よかん)の候(こう)、春寒(しゅんかん)の候(こう)、残寒(ざんかん)の候(こう)

3월 → 早春(そうしゅん)の候(こう)、春陽(しゅんよう)の候(こう)、初春(しょしゅん)の候(こう)

4월 → 春暖(しゅんだん)の候(こう)、仲春(ちゅうしゅん)の候(こう)、陽春(ようしゅん)の候(こう)

5월 → 新緑(しんりょく)の候(こう)、初夏(しょか)の候(こう)、季春(きしゅん)の候(こう)

6월 → 梅雨(ばいう)の候(こう)、春愁(しゅんしゅう)の候(こう)、薄暑(はくしょ)の候(こう)

7월 → 盛夏(せいか)の候(こう)、大暑(たいしょ)の候(こう)

8월 → 炎暑(えんしょ)の候(こう)、酷暑(こくしょ)の候(こう)、残暑(ざんしょ)の候(こう)

9월 → 初秋(しょしゅう)の候(こう)、新秋(しんしゅう)の候(こう)、灯火(とうか)親(した)しむころ

10월 → 秋冷(しゅうれい)の候(こう)、錦秋(きんしゅう)の候(こう)、爽涼(そうりょう)の候(こう)

11월 → 晩秋(ばんしゅう)の候(こう)、深秋(しんしゅう)の候(こう)

12월 → 初冬(しょとう)の候(こう)、寒冷(かんれい)の候(こう)、霜夜(しもよ)の候(こう)、歳末(さいまつ)ご多忙(たぼう)の折(おり)

▶ 구어체

1월 → 寒さことのほか厳(きび)しく、酷寒(こっかん)のみぎり、寒冷(かんれい)の折(おり)から、本年(ほんねん)の寒さは格別(かくべつ)のように思われます

2월 → 梅(うめ)のたよりもちらほら聞かれます昨今(さっこん)、寒さもまだ厳(きび)しい折(おり)から、寒さなお退(の)きませぬこのごろ、春は名のみの寒さ

3월 → 日増(ひま)しに暖かさを加えるころになりました、ようやく春めいてまいりました、木々(きぎ)の緑(みどり)もあざやかにさわやかな季節となりました、日一日(ひいちにち)と暖かくなってまいります

4월 → 花の便(たよ)りの聞かれるころになりました、春もたけなわのこのごろです、百花(ひゃっか)、競(きそ)い咲(さ)く今日このごろ、花冷(はなび)えのする今日このごろ、若草(わかくさ)の萌(も)えたつこのごろ

5월 → 若葉(わかば)のすがすがしいころとなりました、みどり美しい季節となりました、はつなつの風うれしいころとなりました、風薫(かぜかお)る季節となりました

6월 → うっとうしい毎日ですが、うっとうしい日が続きますが、梅雨(つゆ)がちの毎日ですが、思わぬ梅雨寒(つゆざむ)に震(ふる)えるこのごろ、雨空(あまぞら)のうっとうしいこのごろ

7월 → 夏空(なつぞら)のまぶしいころとなりました、梅雨(つゆ)も明け夏陽(なつび)かがやく季節となりました、鳴(な)く蟬(せみ)に暑さいや増(ま)すころとなりました、紫陽花(あじさい)の色が日毎(ひごと)に深まり

8월 → 暑さひとしお厳しい毎日です、連日(れんじつ)のたいへんな暑さですが、ひどい暑さの毎日ですが、立秋(りっしゅう)とは名ばかりの暑さです、近年(きんねん)まれな暑さですが、うだるような暑さが続きますが

9월 → 朝夕(あさゆう)めっきり涼しくなりました、朝夕(あさゆう)はめっきり涼しくなりました、鳴(な)く虫の音(ね)に秋の訪れを感じます

10월 → 日増(ひま)しに秋も深まってまいりました、日ごとに秋も深まります今日このごろ、 秋色(しゅうしょく)ようやく濃(こ)く爽涼(そうりょう)の日が続きます

すっかり秋めいてまいりました、さわやかな秋晴れが続いております

11월 → 夜寒の身にしみるころとなりました、冷気身にしむころとなりました

12월 → 今年も押し迫ってまいりました、さすがに冬の気配を感じます今日このごろ、寒気日増しにつのりますこのごろ、木枯らしの寒さ身にしむころとなりました

▸ 도입인사

계절인사가 끝나면, 바로 도입인사에 들어간다. 도입인사는 상대회사의 발전을 기원하는 것과 평소의 성원에 감사하는 것의 두 가지 인사가 주요내용으로 포함되게 된다. 비즈니스문서의 도입인사는 우리 시각으로 볼 때 지극히 형식적인 면이 적지 않게 엿보이지만, 비즈니스라는 것은 하나의 형식 속에서 이루어지는 것이 상례이니 만큼 반드시 규격화되다시피 한 도입인사를 곁들이도록 한다. 아래에 주된 도입인사를 열거해 놓으니 그 중에서 한두 개를 익혀두었다가 적절하게 사용하면 좋을 것이다. 알아보기 쉽게 하기 위하여 약간의 문구차이도 전부 망라하여 열거해 둔다.

1) 상대회사의 발전을 기원하는 데에 주로 쓰이는 문구

時下ますますご健勝のこととお喜び申し上げます。

時下ますますご発展のこととお喜び申し上げます。

時下ますますご清勝のこととお喜び申し上げます。

時下ますますご繁栄のこととお喜び申し上げます。

時下ますますご隆盛のこととお喜び申し上げます。

時下貴社いよいよご発展のこととお喜び申し上げます。

時下貴社いよいよご健勝のこととお喜び申し上げます。

時下貴社いよいよご清栄のこととお喜び申し上げます。

時下貴社いよいよご繁栄のこととお喜び申し上げます。

時下貴社いよいよご隆盛のこととお喜び申し上げます。

貴社ますますご発展のこととお喜び申し上げます。

貴社ますますご健勝のこととお喜び申し上げます。

貴社ますますご清栄のこととお喜び申し上げます。

貴社ますますご繁栄のこととお喜び申し上げます。

貴社ますますご隆盛のこととお喜び申し上げます。

御社にはますますご発展のこととお喜び申し上げます。

御社にはますますご健勝のこととお喜び申し上げます。

御社にはますますご清栄のこととお喜び申し上げます。

御社にはますますご繁栄のこととお喜び申し上げます。

御社にはますますご隆盛のこととお喜び申し上げます。

2) 평소의 성원에 감사하는 데에 주로 쓰이는 문구

이와 같은 상대회사의 발전을 기원하는 인사표현이 끝나면 이어서 평소의 성원에 감사하는 인사를 곁들이도록 하는데, 이에 관한 다양한 표현을 열거해 놓았으니 선별적으로 한두 개 기억해두는 것이 좋을 것이다.

平素は格別のお引き立てにあずかり、誠にありがたくお礼申し上げます。

この度は格別のお引き立てにあずかり、誠にありがたくお礼申し上げます。

いつも格別のお引き立てにあずかり、誠にありがたくお礼申し上げます。

日頃は格別のお引き立てにあずかり、誠にありがたくお礼申し上げます。

常々格別のお引き立てにあずかり、誠にありがたくお礼申し上げます。

平素はひとかたならぬお引き立てにあずかり、誠にありがたくお礼申し上げます。

この度はひとかたならぬお引き立てにあずかり、誠にありがたくお礼申し上げます。

いつもひとかたならぬお引き立てにあずかり、 誠にありがたくお礼申し上げます。

日頃はひとかたならぬお引き立てにあずかり、誠にありがたくお礼申し上げます。

常々ひとかたならぬお引き立てにあずかり、 誠にありがたくお礼申し上げます。

平素は何かとお引き立てにあずかり、誠にありがたくお礼申し上げます。

この度は何かとお引き立てにあずかり、 誠にありがたくお礼申し上げます。

いつも何かとお引き立てにあずかり、 誠にありがたくお礼申し上げます。

日頃は何かとお引き立てにあずかり、誠にありがたくお礼申し上げます。

常々何かとお引き立てにあずかり、誠にありがたくお礼申し上げます。

平素は過分のお引き立てにあずかり、 誠にありがたくお礼申し上げます。

この度は過分のお引き立てにあずかり、誠にありがたくお礼申し上げます。

いつも過分のお引き立てにあずかり、誠にありがたくお礼申し上げます。

日頃は過分のお引き立てにあずかり、誠にありがたくお礼申し上げます。

常々過分のお引き立てにあずかり、誠にありがたくお礼申し上げます。

이상의 표현 중, 대신에 바꿔 들어갈 수 있는 단어로써는 다음과 같은 것들이 있으니 적절하게 사용하도록 한다.

「お引き立て」는 「お力添え」「ご愛顧」「ご厚情」로 바꿔 사용해도 상관없다.

「～にあずかり」는 「～を賜り」 또는 「～をいただきまして」로 바꿔 사용해도 좋다.

▶ 本文

본문은 비즈니스문서의 주체를 이루는 것으로 主文이라고도 한다. 前文이 끝나면 本文으로 들어가게 되는데, 우선 시각적으로 본문으로 들어간다는 사실을 확실히 하기 위하여 행을 바꾼 다음에 起辞를 적는다. 이 起辞를 적고 나면 바로 본문에 들어가도 좋다.

▶ 起辞

이제부터 본격적으로 본문에 들어감을 알리는 말로서, 起語라고도 하며, 주된 起辞에는 다음과 같은 것이 있다. 적당한 것 하나쯤 머릿속에 주입해 놓는 것도 좋을 듯하다.

さて、ところで、ときに、実は、この度(たび)、ついては、つきましては、さっそくですが、さっそくではございますが、突然(とつぜん)で誠(まこと)に失礼ではございますが

▶ 末文

본문을 다 작성하고 나면, 다음으로는 비즈니스문서의 마무리를 하는 부분이 末文이다. 末文은 대체로 마무리인사와 結語로 구성되게 된다. 마무리인사로 즐겨 쓰이는 표현을 다음에 열거해 두고자 하니, 상대방과 상황에 맞는 적절한 인사말을 선별적으로 사용하도록 한다.

· 상대방의 건강과 발전을 기원하는 표현

尚(なお)、ますますのご発展の程(ほど)をお祈り申し上げます。

末筆(まっぴつ)ながら、貴社のご繁栄(はんえい)をお祈り致します。

いっそうのご隆盛(りゅうせい)をお祈り致します。

いよいよご健勝でご活躍のほどお祈り申し上げます。

· 상대방의 변함없는 성원을 부탁하는 표현

今後とも変わらぬご愛顧を賜りますようお願い申し上げます。

今後とも、よろしくお引き立ての程お願い致します。

今後とも、ご指導、ご鞭撻の程、よろしくお願い申し上げます。

今後とも、何卒よろしくお願い申し上げます。

今後ともよろしくお願い申し上げます。

末長くご指導くださいますようお願い致します。

将来ともよろしくご指導の程お願い申し上げます。

· 답장을 바라는 표현

ご繁忙の折とは存じますが、至急ご返事いたかければ幸甚に存じます。

お手数ながら、ご一報下さるようお願い申し上げます。

お手数ながら、折り返しご返信下さいますようお願い申し上げます。

ご多用中を誠に恐れ入りますが、ご返事を頂きたく、ひとえにお願い致します。

ご承諾の通知が頂ければ有り難く存じます。

ご返事のほど、幾重にもお待ちしております。

ご返事お待ちしております。

▶ 結語

末文의 마지막은 結語로 장식하게 된다. 이 結語는 그야말로 편지를 완전히 종결짓는 상징적인 의미를 담고 있는 것인데, 그 위치는 마무리인사로부터 두 자정도 여백을 두고 쓰면 된다. 주로 쓰이는 결어로는 다음과 같은 것이 있다.

敬具、拝具、敬白、謹具、草々、不一、かしこ(주로 여성이 사용한다)

이 結語는 頭語와 대응시켜 사용하는 것이 원칙인데, 그 대응되는 말은 다음과 같다.

拝啓、拝復 → 敬具、拝具

謹啓、粛啓 → 敬具、敬白、謹具

前略 → 草々

一筆申し上げます → かしこ

아울러, 이 結語는 頭語가 생략되었어도 반드시 쓰는 것이 좋은 것으로 되어있다. 물론 頭語가 前略으로 표현되었을 때는 반드시 結語로서는 草々로 맺어야만 한다. 그리고 여성의 경우에는 頭語를 「拝啓」로 했을지라도 結語로서는 「敬具」「謹具」와

같은 딱딱한 말을 피하여 「かしこ」를 주로 쓰는 것이 일반적이다.

이상, 비즈니스문서의 형식과 주로 쓰이는 다양한 표현에 대하여 구체적으로 살펴보았다. 일본의 비즈니스문서는 그 형식이 전통적으로 고정되어 있는 편이므로 이상의 내용을 잘 숙지하였다가 적절하게 표현문구를 선별하여 작성하도록 한다.

(3) 각종 비즈니스문서의 실제

실제의 비즈니스문서에 속하는 것으로 여겨지는 문서에는 대체로 다음과 같은 것을 들 수가 있다.

각종 통지문: 출하통지, 도착상품통지, 견적서통지, 카탈로그통지

각종 조회문: 거래상조건의 조회, 도착상품조회, 상품미도착조회, 거래처신용상태조회

각종 주문서: 상품주문, 전시품출품주문, 추가주문

각종 교섭문: 가격개정의 교섭, 가격인하의 교섭, 지불조건완화의 교섭

각종 의뢰서: 견적서송부의뢰, 거래처소개의뢰, 면담의뢰, 납기유예의뢰, 지불유예의뢰, 공장견학의뢰

각종 승낙서: 거래신청의 승낙, 수주승낙, 가격인하승낙, 납기유예승낙, 대금지불연기승낙

각종 거절문: 신규거래신청에 대한 거절, 주문에 대한 거절, 가격인하요청에 대한 거절, 납기연기요청에

대한 거절

각종 감사문: 수주에 대한 감사, 상품구입에 대한 감사, 지불유예에 대한 감사, 회사소개에 대한 감사, 방문지에 대한 감사, 공장견학에 대한 감사

또한 발주품에 대한 취소, 납품독촉, 지불청구와 같은 다양한 비즈니스문서가 있을 수가 있으며, 나아가서는 회사의 성격과 업무내용, 거래대상 등에 따라서 얼마든지 각양각색의 비즈니스문서가 쓰일 수가 있을 것이다. 이하, 비즈니스문서의 기본적인 형식과 내용의 전개에 대하여 샘플을 예시한 다음, 위에 등장한 각종 비즈니스문서의 대표적인 예시를 해설과 더불어 게재하여 두고자 한다.

비즈니스문서의 기본적인 형식과 내용

▶ 비즈니스문서의 기본형식

第234号
2011年11月1日 A

住友商事株式会社
購買部長 田中太郎 様 B

JR九州商事株式会社
販売課長 山田次郎 C

見本送付について D

拝啓 初秋の候 貴社ますますご盛栄のこととお慶び申し上げます。日頃より格別のお引立てを賜り、厚くお礼申し上げます。E
さて、本日お電話にてご依頼のありました弊社製品○○の見本は、さっそく別送申し上げました。この製品は、従来のものと比べ品質の格段な向上に成功したと、自負いたしているものでございます。よろしくご検討のうえ、是非ご用命賜りますようお願い申し上げます。F
なお、ご不明の点がございましたら、ご遠慮なくご一報ください。弊社社員を派遣いたしましてご説明申し上げます。

敬具G

記

1 見本品　　○○○
2 数　量　　○○台 H

기본형식

A: 해당업무에 대한 관련근거와 책임소재를 명확히 하기 위하여 문서의 오른쪽 상단에 문서의 일련번호와 발행날짜를 적는데, 경우에 따라서는 생략할 수도 있다.

B: 문서번호와 발행날짜의 한 칸 밑 왼쪽상단에는 상대의 회사명을 적고 그 밑에 직위와 이름을 적는데 이름의 다음에는 경칭을 붙이며 이 경우 주로 様가 사용된다. 한편, 상대의 회사명은 어떠한 경우에도 생략하지 않고 정식명칭을 기입하도록 한다.

C: 상대회사명과 이름의 한 칸 밑 오른쪽에는 보내는 사람의 회사명을 적고 그 밑에 직위와 이름을 적는데 이 경우역시 회사명은 생략하지 않는다.

D: 보내는 사람의 회사명과 직위, 이름에서 밑으로 적당한 간격을 둔 중앙부분에 문서제목을 적는데 문서제목은 다소 큰 사이즈로 적으며 어디까지나 문서작성의 목적과 내용을 함축한 것으로 한다. 이 경우 보통 문서제목으로는「~について」「~の件」이 널리 쓰인다.

E: 前文으로 頭語(보통 拝啓가 가장 많이 쓰임)와 계절인사, 감사인사를 상황에 맞게 적당히 적는데, 경우에 따라서는 계절인사를 생략할 수도 있다.

F: 主文으로 본격적인 문서작성의 목적과 내용을 적는데, 어디까지나 문서제목에 부합된 것이어야 한다. 主文의 도입표시로는 보통 さて、つきまして가 일반적으로 널리 쓰인다.

G: 末文으로 문서작성의 목적과 내용을 요약하여 정리하거나 부가사항을 적는다. 그 다음으로 오른쪽 하단에 結語를 곁들이는데 보통 敬具가 널리 쓰인다. 결국 頭語인 拝啓와 結語인 敬具는 한 세트로 쓰이는 것으로 알아두는 것이 좋을 것이다.

H: 그 밖의 구체적인 품목이나 수량, 또는 데이터를 제시할 필요가 있을 때는 記를 結語에서부터 아래 부분의 중앙에 적은 다음에 나타내도록 한다. 물론, 경우에 따라서는 얼마든지 記는 생략할 수가 있다.

▶ 출하 통지

第234号

2011年11月1日

住友商事株式会社

購買部長 田中太郎 様

JR九州商事株式会社

販売課長 山田次郎

全自動○○機発送のお知らせ

拝啓 平素は特別のお引立てを賜り、厚くお礼申し上げます。

さて、貴社よりのご注文品は、すべて同封納品書のとおり、本日○○運送にてお送り申し上げました。ご査収のほど、お願い申し上げます。

なお、ご確認の上、同封の物品受領書をご返送いただきたくお願いいたします。

まずは、出荷のお知らせまで。

敬具

記

同封書類

1	納品書	1通
2	物品受領書	1通

以上

문서해설

▶ お知らせ: 동사 知らせる의 연용형인 知らせ가 전성명사화되어 '알림'이라는 뜻의 명사로 쓰이는 것에 정중함을 나타내는 접두어 お가 접속된 형태이다.

▶ お引き立てを賜り: お引き立て는 동사 引き立てる(성원하다)의 연용형인 引き立て가 전성명사화되어 '성원'이라는 뜻의 명사로 쓰이는 것에 존경의 접두어 お가 접속된 형태이며, 賜り는 동사 賜る(주시다)의 연용형으로 여기에서는 중지법으로 쓰였다. '성원을 해주셔서'에 해당된다.

▶ 厚くお礼申し上げます: 厚く는 형용사 厚い(두텁다, 마음이 담겨있다)의 연용형인 厚く가 부사적용법으로 쓰인 것으로 '깊이, 진심으로'의 뜻을 나타내며, お礼申し上げます는 '감사말씀 올립니다'에 해당된다.

▶ さて: 본문에 들어간다는 뜻을 나타내는 도입표시로서 '다름이 아니오라'정도에 해당된다.

▶ 貴社よりの: ～より는 기점을 나타내는 조사 から와 같은 뜻을 나타내는데 보통 이러한 비즈니스문서 등에서 사용된다.

▶ 運送にて: 조사 ～にて는 조사 ～で와 같이 방법이나 수단을 나타내는 것인데 보통 이와 같이 격식을 차린 비즈니스문서 등에서 사용된다.

▶ ご査収のほど: ～のほど는 문장체에서 쓰이는 말로 '～하여주실 것을'정도의 뜻으로 쓰였다.

▶ ご確認の上: 이러한 형태로 '확인하시고서'에 해당된다.

▶ ご返送いただきたく: ご＋한자어＋いただく의 형태로 '～해 주시다'의 뜻을 나타내는데, 여기에서는 희망의 조동사 たい의 연용형인 たく가 접속됨으로서 '반송해 주시도록'정도의 뜻으로 쓰였다.

▸ 도착상품 통지

第234号

2011年11月1日

住友商事株式会社
販売部長 田中太郎 様

JR九州商事株式会社
購買課長 山田次郎

電気○ ○ 機着荷のご通知

拝啓 平素は格別のお引立てを賜り、厚くお礼申し上げます。

さて、先日ご出荷いただいた標記の品、○月○日相違なく着荷いたしました。さっそく送り状と照合のうえ、検品いたしましたが、全商品異常なく、有難くお礼申し上げます。

なお、納品受領書を同封いたしましたので、ご査収のほどお願いいたします。

まずは、着荷のご通知まで。

敬具

記

同封書類　　納品受領書　1通

以上

문서해설

▶ ご通知: 명사 通知에 정중함을 나타내는 접두어 ご가 접속된 형태이다.

▶ ご出荷いただいた: 겸양표현양식인 ご＋한자어＋いただく의 형태로 상대가 자신을 위하여 무언가를 해주었음을 정중하게 나타내는데 '출하하여 주신'정도의 뜻으로 쓰였다.

▶ 相違なく: 相違는 '어긋남, 차이'의 뜻을 나타내는 말인데, 여기에 형용사 ない의 연용형인 なく가 접속된 형태이다. '틀림없이'의 뜻을 나타낸다.

▶ 送り状: 물건을 보내는 사람이 물건명, 수량, 정가 등을 함께 적어서 보내는 서류로 '송장, 운송장'에 해당된다.

▶ 照合のうえ: 照合는 사물과 사물을 비교 조사한다는 뜻의 명사이며 ～のうえ는 '～하고서'정도의 뜻을 나타낸다.

▶ 異常なく: '이상이 없으므로'의 뜻을 나타낸다.

▶ 有難くお礼申し上げます: 有難く는 형용사 有難い(감사하다)의 연용형이 부사적으로 쓰인 것으로 이러한 형태로 '감사말씀 올립니다'의 뜻을 나타낸다.

▶ なお: 앞의 사항에 다시 별개의 사항을 덧붙일 때 쓰이는 접속사로 '또한, 아울러'에 해당되는데 비교적 격식을 차린 문체에서 사용된다.

▶ ご査収のほど: 査収는 문장체에서 쓰이는 말로 무언가를 조사하여 받아들이는 것을 말하며, ～のほど는 '～하여주실것을'정도에 해당되는 뜻으로 쓰이는데 매우 격식을 차린 문장체에서 사용된다.

▶ まずは、着荷のご通知まで: 비즈니스문서에서는 보통 まずは～まで의 형태로 문서의 끝을 알리는 문구로서 쓰이는데, '우선은 ～을(를) 알려드립니다, 일단은 ～을(를) 알려 드립니다'정도의 뜻을 나타낸다.

▶ 견적서 송부

第234号

2011年11月1日

住友商事株式会社

購買部長 田中太郎 様

JR九州商事株式会社

販売課長 山田次郎

○○の見積書送付について

拝啓 平素は格別のお引立を賜り、厚くお礼申し上げます。

さて、先日貴社より、お問合せがありました弊社商品「○○」○個の見積りは、別紙のとおりとなりますので、ご高覧ください。

価格につきましては、できるかぎりサービスさせていただいておりますので、是非ご用命を賜りますようお願い申し上げます。

なお、近日中に弊社担当員がお伺いいたしますので、詳細についてお話しいただければ幸いに存じます。

まずは、見積書の送付かたがたお願いまで。

敬具

記

同封書類　　見積書　1通

以上

문서해설

- ~について: 보통 문서제목에 붙여 쓰이는 어구로 '~에 관하여'에 해당된다.

- 先日: 보통 문장체에서 쓰이는 말로 '일전에'에 해당된다.

- お問い合わせ: 동사 問い合わせる(문의하다, 조회하다)의 연용형인 問い合わせ가 전성명사화된 것에 존경의 접두어 お가 접속된 형태로서 '문의'에 해당된다.

- ご高覧ください: 高覧은 상대가 보는 행위를 높여서 표현한 말로 이것을 정중한 의뢰표현양식인 ご＋한자어＋ください에 적용한 것이다. '살펴봐주십시오'정도에 해당된다.

- ~につきましては: '~에 관해서는'에 해당되는 어구로 ~については보다 더 정중한 어감이 주어진다.

- ご用命を賜りますよう : 用命는 상대가 주문하는 행위를 높여서 표현한 말이며 여기에 존경의 접두어 ご를 붙임으로서 어감을 더욱 정중하게 하고 있는데 이러한 표현은 비즈니스문서 등에서 주로 쓰인다. 한편, 賜りますよう는 동사 賜る(주시다)의 정중체인 賜ります에 '~(하시)도록'에 해당되는 조동사 よう가 접속된 형태이다.

- お伺いいたします: 동사 伺う(찾아뵙다)를 겸양표현양식인 お＋동사연용형＋いたす에 적용한 것으로 여기에서는 '찾아뵙겠습니다'의 뜻으로 쓰였다.

- 幸いに存じます: 幸いに는 '다행스럽게'의 뜻이며, 存じます는 思います의 겸양어동사이다. 여기에서는 '다행스럽겠습니다'의 뜻으로 쓰였다.

- ~かたがた: 한자어에 접속되어 '~와(과) 더불어'의 뜻으로 쓰이는 접미어인데, 見積書の送付かたがた는 '견적서송부와 더불어'정도의 뜻으로 쓰였다.

▸ 카탈로그 송부

第234号

2011年11月1日

住友商事株式会社

購買部長 田中太郎 様

JR九州商事株式会社

販売課長 山田次郎

カタログ送付のご案内

拝啓 時下、ますますご隆昌のこととお慶び申し上げます。

さて、 先日ご依頼のありました○ ○のカタログを送付いたします。何とぞ詳細にご検討くださいますようお願い申し上げます。

なお、 カタログでご不明な場合は御一報いただければ弊社社員を派遣いたしますので、よろしくお願いいたします。

まずは、ご案内まで。

敬具

문서해설

- ご案内: 한자어 案内에 정중함을 나타내는 접두어 ご가 접속된 형태로 보통 비즈니스문서의 제목에는 이러한 형태가 빈번하게 쓰인다.

- ご隆盛: 隆盛는 '번창'을 나타내는 말로 여기에 정중함을 나타내는 접두어 ご가 접속된 형태이다.

- ～のことと: 주로 한자어에 접속되어 '～(하실)것으로'정도의 뜻을 나타낸다. 즉, ご隆盛のこととは '번창하고 계실 것으로'의 뜻으로 쓰인 셈이다.

- お慶び申し上げます: 동사 慶ぶ(경하하다)가 매우 정중한 겸양표현양식인 お＋동사연용형＋申し上げる에 적용된 형태이다. 보통 서간문의 서두인사에 주로 쓰이는 정형적인 표현으로 '경하말씀 올립니다'정도의 뜻을 나타낸다.

- ご依頼のありました: 依頼에 존경의 접두어 ご를 접속시켜서 정중도를 높였으며, の는 주격조사 が의 대용으로 쓰였다. 또한 あった가 아닌 ありました의 형태로 뒤에 오는 말을 수식함으로서 정중도가 한층 높아져있다.

- 何とぞ: 상대에게 무언가를 매우 정중하게 부탁할 때에 쓰이는 부사로 '아무쪼록'정도에 해당된다.

- 詳細に: '상세하게'의 뜻을 나타내는 말로 이와 같은 비즈니스문서 등에서 비교적 많이 쓰인다.

- ご検討くださいますよう: 検討를 존경의 의뢰표현양식인 ご＋한자어＋くださいますよう에 적용하여 정중도를 한층 높인 표현이다. '검토하여 주시도록'에 해당된다.

- ご不明な: 이러한 형태로 '모르시는'의 뜻을 나타낸다.

- ご一報いただければ: 一報는 간단히 알림을 나타내는 말인데, 이것이 정중한 어감의 겸양표현양식인 ご＋한자어＋いただく에 적용된 것으로 '알려주시면'에 해당된다.

▶견본 송부

第234号

2011年11月1日

住友商事株式会社

購買部長 田中太郎 様

JR九州商事株式会社

販売課長 山田次郎

見本送付のご案内

拝啓 貴社ますますご清栄のこととお慶び申し上げ、平素の格別のお引立てを賜りありがたくお礼申し上げます。

さて、本日お電話にてご依頼のありました弊社製品○○の見本は、さっそくご別送申し上げました。この製品は、従来のものと比べ品質の格段な向上に成功したと、自負いたしているものでございます。

よろしくご検討のうえ、 是非ご用命賜りますようお願い申し上げます。

なお、ご不明の点がございましたら、ご遠慮なくご一報ください。弊社社員を派遣いたしましてご説明申し上げます。

まずは、ご案内まで。

敬具

문서해설

- 本日: 今日하고 같은 말이기는 하지만, 격식을 차린 정중한 말로 우리말의 '금일'에 해당된다. 이와 같은 정중한 표현은 비즈니스문서 등에서 자주 사용되곤 한다.

- お電話にて: 조사 ~にて는 조사 ~で와 마찬가지로 수단이나 방법을 나타내는 말이기는 하지만, 이와 같은 격식을 차린 비즈니스문서 등에서 종종 사용된다.

- ご別送申し上げました: 別送를 매우 정중한 겸양표현양식인 ご＋한자어＋申し上げる에 적용한 것으로 '별송해드렸습니다'에 해당된다. 이러한 양식에 있어서의 申し上げる는 '말씀드리다'의 뜻이 아니라 어디까지나 する의 뜻이 된다.

- 格段な: 형용동사 格段だ는 그 정도의 차이가 매우 큼을 나타내는 것인데, 여기에서는 연체형인 格段な가 쓰이고 있다. 이와 같은 정중한 문체에서 쓰기에 매우 적합하다.

- 自負いたしているものでございます: 自負する(자부하다)에서 する의 겸양어동사인 いたす를 사용하였으며, ~です의 보다 정중한 표현인 ~でございます를 사용하고 있다. '자부하고 있는 물건입니다'에 해당된다.

- ご不明の点: 不明에 존경의 접두어 ご를 접속하였는데, '모르시는 점'에 해당된다.

- ございましたら: ある보다 훨씬 정중한 표현인 ございます를 사용했으며, 여기에서는 그 가정표현인 ございましたら가 쓰였다. '있으시면'에 해당된다.

- ご遠慮なく: 사양의 의미를 지닌 遠慮에 존경의 접두어 ご가 접속되었으며 여기에 다시 형용사 ない의 연용형인 なく가 접속된 형태이다. 이러한 고정적인 형태로 '사양하지 마시고'의 뜻을 나타낸다.

- ご説明申し上げます: 説明가 ご＋한자어＋申し上げる의 양식에 적용된 것으로 '설명해 올리겠습니다'에 해당된다.

▶ 거래상조건 조회

第234号
2011年11月1日

住友商事株式会社
購買部長 田中太郎 様

JR九州商事株式会社
販売課長 山田次郎

商品○○に関するご照会の件

拝啓 貴社ますますご清栄のこととお慶び申し上げます。平素は格別のお引立てを賜り、厚くお礼申し上げます。

さて、このたび貴社より発売されました新製品○○を、弊社でも取り扱いたく存じます。

つきましては、下記のお取引条件について、折り返しご回答くださいますようお願い申し上げます。

まずは、取り急ぎご照会まで。

敬具

記

1　価　格　現金仕入価格の場合および売掛の場合
2　支払方法　約束手形の最長期間
3　運賃諸掛　負担の範囲
4　運送方法　弊社営業所への発送を希望
5　保証金　弊社としては○万円以内を希望

문서해설

- ～の件: 보통 문서제목에 붙여 쓰이는 것으로 ～について와 더불어 많이 쓰인다. '～에 관한 건'에 해당된다.

- ご清栄のことと: 清栄는 상대의 건강과 번영을 기원하는 말로 주로 서간문에서 쓰이고 있으며, ～のことと는 '～(하실)줄로'에 해당된다. '번성하고 계실 줄로'에 해당된다.

- このたび: 이러한 형태로 '일전에'의 뜻을 나타내는데, このたび는 이밖에도 미래의 사실에도 쓰여서 '이번에, 금번'의 뜻으로도 쓰인다. 결국, このたび는 과거의 사실에도 미래의 사실에도 쓰이는 셈인데, 이것은 전후문맥으로 쉽게 구별될 수 있을 것이다. 물론 여기에서는 과거의 사실로 쓰였다.

- 貴社より: 조사 ～より는 기점을 나타내는 조사 ～から와 같은 의미용법으로 쓰이는 것이지만, ～から에 비하여 다소 문장체적인 어감을 지니고 있어서 이와 같은 비즈니스문서 등에서 자주 쓰이고 있다. 여기에서는 '귀사로부터'의 뜻으로 쓰였다.

- 取り扱いたく存じます: 동사 取り扱う(취급하다, 다루다)의 연용형인 取り扱い에 희망을 나타내는 조동사 たい의 연용형인 たく가 접속되어 '취급하고자'의 뜻을 나타낸다. 이어서 思う의 겸양어동사인 存じる가 이어짐으로서 정중도가 매우 높아진 표현이다.

- つきましては: 보통 본문의 서두에 붙여서 쓰이는 것이지만, 여기에서는 이미 그 앞에 起語인 さて가 등장해 있으므로 '이에 관련하여'정도의 뜻으로 쓰인 셈이다.

- 折り返し: '금방, 곧바로'의 뜻을 지닌 부사로 주로 비즈니스문서 등에서 상대의 답신을 부탁할 때에 쓰인다.

- 取り急ぎ: '우선'이라는 뜻을 지닌 말로 주로 뒤에 ～まで를 수반하여 쓰인다. 결국 取り急ぎ～まで의 형태로서 '우선 ～ 말씀 올립니다'정도의 뜻으로 쓰인다.

▶ 도착상품 조회

第234号

2011年11月1日

住友商事株式会社

販売部長 田中太郎 様

JR九州商事株式会社

購買課長 山田次郎

着荷品「○○」についてのご照会

拝啓 時下ますますご発展のこととお慶び申し上げます。平素は格別のお引立てを賜り、厚くお礼申し上げます。

さて、○月○日付にて発注いたしました「○○」○台、本日着荷いたしました。さっそく検品いたしましたところ、うち○台が注文した○○型ではなく、○○型になっておりました。

何かの手違いかとは存じますが、至急ご調査のうえ、再度ご送付くださいますようお願い申し上げます。

なお、当該品は弊社にて保管いたしておりますのでお引取りのほどお願い申し上げます。

まずは、取り急ぎご照会まで。

敬具

문서해설

▶ 時下ますます: 時下는 '요즈음'의 뜻을 지닌 말로 주로 비즈니스문서 등에서 쓰이며, ますます는 '더욱, 한층 더'의 뜻을 지닌 부사인데 이것 역시 비즈니스문서 등의 인사말에서 즐겨 쓰인다.

▶ 発注いたしました: 発注する에서 する의 겸양어동사인 いたす가 쓰임으로서 정중도가 높아졌는데, 여기에서 다시 発注いたしました의 형태로 뒤에 오는 명사를 수식함으로서 보다 정중도가 높아진 표현이다. 즉, 発注した보다 더욱 정중도가 높아진 셈이다. '발주하여 올린'에 해당된다.

▶ 検品いたしましたところ: 検品する에서 する의 겸양어동사인 いたす가 쓰임으로서 정중도가 높아졌는데, 여기에서 다시 検品いたしました의 형태로 뒤에 오는 ところ를 수식함으로서보다 정중도가 높아진 표현이다. '검품을 한 바'정도의 뜻으로 쓰였다.

▶ うち: '그 중에서'의 뜻으로 쓰였다.

▶ ～になっておりました: ～になっている에서 いる에 대한 정중어동사인 おる를 씀으로서 전반적인 정중도가 보다 높아져있다.

▶ 何かの手違いかとは: 手違い는 순서를 잘못 섞은 것이라는 뜻인데, 전반적으로 '무언가의 착오라고는'의 뜻으로 쓰였다.

▶ 至急: '속히'라는 뜻인데 우리말과 달리 이렇게만 쓰인다.

▶ 再度: '다시, 재차'라는 뜻으로 쓰이는데 이러한 비즈니스문서 등에서 주로 쓰인다.

▶ お引き取りのほど: 동사 引き取る((반품 등을) 받다)의 연용형인 引き取り의 앞에 접두어 お가 접속되었으며, ～のほど는 '～(하여)주실 것을'의 뜻으로 쓰였다. '거둬 주실 것을'이라는 뜻을 나타낸다.

▶상품미도착 조회

第234号

2011年11月1日

住友商事株式会社

販売部長 田中太郎 様

JR九州商事株式会社

購買課長 山田次郎

○○○○注文品未着の件

拝啓 時下ますますご発展のこととお慶び申し上げます。平素は格別のお引立てを賜り、厚くお礼申し上げます。

さて、○月○日付で発注いたしました「○○」○台は、本日○月○日現在、いまだ着荷しておりません。

弊社といたしましても、お客様から再三の催促を受け、はなはだ困惑いたしております。

何とぞ至急ご調査のうえ、ご回答くださいますようお願い申し上げます。

まずは、取り急ぎご照会まで。

敬具

문서해설

- ○月○日付で: 접미어 ~付는 때를 나타내는 명사에 접속되어 쓰이는데, '~○월 ○일부로'에 해당된다.

- いまだ着荷しておりません: いまだ는 '아직, 아직도'의 뜻으로 쓰이는 부사인데 비교적 격식을 차리는 비즈니스문서 등에서 주로 쓰인다. 또한 着荷는 물건의 도착을 나타내며, ~しておりません은 ~していません에 비하여 비교적 정중도가 높은 표현이다.

- 弊社といたしましても: 弊社는 자기회사를 겸손하게 나타내는 말이며 ~といたしましても는 입장을 나타내는 말로서 ~としても보다 정중도가 매우 높은 표현이다. ~といたしましても의 いたし는 する의 겸양어동사인 いたす이며, '폐사로서도'에 해당된다.

- お客様: 客、お客、お客様의 순으로 정중도가 높아진다.

- 再三: '몇 번이고'의 뜻을 나타내는 말로 비교적 격식을 차린 비즈니스문서 등에서 쓰인다.

- 催促を受け: 동사 受ける(받다)의 연용형인 受け가 중지법으로 쓰인 것인데 회화체에서는 보통 受けて의 형태로 쓰이지만 이와 같은 문장체에서는 접속조사 て가 생략된 중지법으로 쓰이곤 한다. '재촉을 받아'에 해당된다.

- 困惑いたしております: 困惑는 무척 곤란함을 나타내는 말이며 する의 겸양어동사인 いたす가 쓰임으로서 정중도가 높아졌다. 또한 ~ています의 정중형인 ~ております가 그 뒤에 쓰임으로서 한층 정중도가 높아진 표현이다. '곤란을 겪고 있습니다'에 해당된다.

- 何とぞ: 상대에게 정중하게 무언가를 부탁할 때에 쓰이는 부사로 どうか보다 더 정중한 말이다. '아무쪼록, 부디'에 해당된다.

- ご調査のうえ: '조사하신 다음'에 해당된다.

▶ 거래처신용상태 조회

第234号
2011年11月1日

住友商事株式会社
営業部長 田中太郎 様

JR九州商事株式会社
営業課長 山田次郎

○○会社の信用状態ご照会の件

拝啓 時下ますますご発展のこととお慶び申し上げます。平素は格別のお引立てを賜り、厚くお礼申し上げます。

さて、さっそくですが、御社とお取引がございます○○会社様の信用状態につき、私どもにご教示いただけませんでしょうか。

実は、このたび○○会社様より新規取引のお申込みを受けましたが、同社についての詳細がまったく不明のため、もっか思案中の状態でございます。つきましては、先方より信用照会先として御社を指定されましたので、以下の項目についてお伺い申し上げる次第です。

ご多用中のところまことに恐縮ですが、何とぞよろしくお願い申し上げます。

なお、ご教示いただきました内容につきましては、もちろん絶対に他言はいたしません。

まずは、取り急ぎお願いまで。

敬具

記

1 営業状態
2 信用状態
3 その他参考事項

문서해설

- さっそくですが: 이러한 형태로 바로 본론에 들어가는 것에 대한 상대의 양해를 구하는 표현으로 쓰인다.

- 御社: 상대회사를 예우하여 표현하는 말이다.

- お取引がございます○○会社様: お取引의 접두어 お는 정중함을 나타내며, ございます는 あります에 대한 정중어이다. 한편, 자기회사이외의 다른 회사를 지칭할 때는 회사명다음에 경칭 様를 붙이는 것이 일반적이다.

- 信用状態につき: ~につき는 ~について와 같은 뜻이지만 이와 같이 격식을 차린 비즈니스문서 등에서 주로 쓰인다.

- 私ども: '저희들'이라는 뜻이지만 한편으로는 이와 같이 자기회사를 겸손하게 나타낼 때에도 쓰인다. '저희 회사'에 해당된다.

- 状態でございます: ~でございます는 ~です보다 정중한 표현이다.

- 先方より: 先方는 상대를 가리키는 말이며, 先方より는 '그쪽으로부터'에 해당된다.

- お伺い申し上げる次第です: お伺い申し上げる는 '여쭙다'에 해당되며 次第です는 '~(하는) 바입니다'에 해당된다.

- ご多用中のところ: 多用는 할 일이 많아서 바쁘다는 뜻이며 접두어 ご는 존경의 뜻을 지니고 있다. 바쁘신 가운데'에 해당된다.

- なお: 앞의 사항에 다시 새로운 사항을 덧붙일 때 쓰이는 접속사로 '또한, 아울러'정도에 해당된다.

- 他言はいたしません: 他言은 다른 사람에게 말하는 것으로 주로 이와 같은 비즈니스문서 등에서 사용된다. 또한 いたしません은しません보다 정중한 말이다

▶ 상품 주문

第234号

2011年11月1日

住友商事株式会社

販売部長 田中太郎 様

JR九州商事株式会社

購買課長 山田次郎

○○○の注文について

拝啓 平素は格別のお引立てを賜り、厚くお礼申し上げます。

さて、標記の商品について下記のとおり発注いたします。納期厳守のうえ、よろしくご手配くださいますようお願い申し上げます。

敬具

記

1　注文品　○○○
2　数　量　○台
3　価　格　○○円
4　納　期　平成○年○月○日
5　受渡場所　当社本店
6　運送方法　貴社ご一任
7　運賃諸掛　貴社ご負担
8　支払期日　平成○年○月○日
9　支払方法　○○銀行貴社口座振込

以上

문서해설

▸ 下記のとおり: ～のとおり는 '～와(과) 같이'의 뜻으로 쓰이는 말이며 이와 반대되는 말로는 上記のとおり가 있다. '밑에 기입한 대로'에 해당된다.

▸ 納期厳守のうえ: ～のうえ는 '～(한) 다음에'의 뜻으로 '납기를 엄수하여'에 해당된다.

▸ よろしく: 형용사 よろしい는 よい、いい와 같은 뜻을 지니고 있기는 하지만, 이에 비하여 보다 정중한 어감을 지니고 있어서 비즈니스문서 등에서 즐겨 사용되곤 한다. 여기에서는 よろしい의 연용형인 よろしく(잘)가 쓰이고 있다.

▸ ご手配くださいますよう: 手配는 업무상의 준비 또는 조치라는 뜻으로 쓰이는데 여기에 정중한 의뢰표현양식인 ご＋한자어＋くださいますよう가 적용되어 있다. '조치하여 주시도록'에 해당된다.

▸ 受渡場所: 受渡는 동사 受ける(받다)와 渡す(건네다)의 연용형인 受け와 渡し가 복합된 명사로 상품을 받고 대금을 지불하는 행위를 가리킨다.

▸ 貴社ご一任: 여기에서의 접두어 ご는 겸손의 뜻으로 쓰여서 귀사에 모든 것을 맡긴다는 뜻을 정중하게 나타냈다.

▸ 運賃諸掛: 諸掛는 모든 비용을 가리키는 말로 여기에서는 상품을 운반하는 데에 소요되는 일체의 비용을 말한다. '운임에 관한 모든 비용'에 해당된다.

▸ 貴社ご負担: 여기에서의 접두어 ご는 존경의 뜻으로 쓰여서 귀사에서 부담하셔야 한다는 뜻을 정중하게 나타냈다.

▸ 口座振込: 振込는 예금구좌에 돈을 불입한다는 뜻인데, 여기에서는 상대의 예금구좌에 대금을 불입한다는 뜻으로 쓰였다..

▸ 전시품출품상품 주문

第234号

2011年11月1日

住友商事株式会社

営業部長 田中太郎 様

JR九州商事株式会社

購買課長 山田次郎

○○の注文について

謹啓 時下ますますご繁栄のこととお慶び申し上げます。

さて、○月○日に○○会館で開催された○○見本市において、標記の御社製品を拝見し、弊社に適した商品でございましたので発注いたします。

つきましては、展示品と色柄や形状なども同一の物を○○点、○月○日までにご送付願います。

なお、以上の条件に合致しない場合は注文を取消しますので、お手数ながら折り返しご回答くださいますようお願い申し上げます。

敬具

문서해설

- 見本市(みほんいち)において: 市(いち)는 임시로 서는 장을 가리키는 말로 見本市(みほんいち)는 '견본시장'이며, ~においては '~에 있어서'의 뜻이 된다.

- 御社(おんしゃ): 상대회사를 예우하여 나타내는 말로 '귀사'에 해당된다.

- 拝見(はいけん)し: 拝見(はいけん)する는 見(み)る에 대한 겸양표현인데 여기에서는 상대회사의 제품을 예우하여 이와 같이 표현하였다. 拝見(はいけん)し는 拝見(はいけん)する의 연용형이며 중지법으로 쓰였는데 이와 같이 접속조사 て가 생략된 중지법은 대체로 비즈니스문서 등에서 사용된다.

- 商品(しょうひん)でございますので: 商品(しょうひん)ですので라고 해도 될 것을 보다 정중하게 표현하고자 이와 같이 나타내었는데, ~でございます는 ~です보다 더욱 정중한 표현이 된다.

- ○月(がつ)○日(にち)までに: ~までに는 정해진 기한을 넘기지 않고 그 안에, 라는 뜻으로 쓰이며, 이 경우 결코 지속적인 기간을 나타내는 ~まで는 쓸 수가 없다. 우리말에서는 이와 같은 구별이 일체 없으므로 각별히 주의해야만 한다.

- 色柄(いろがら)と形状(けいじょう): 色柄(いろがら)는 색상과 무늬를 가리키며, 形状(けいじょう)는 물건의 형태를 가리킨다.

- ご送付(そうふ)願(ねが)います: 送付(そうふ)가 정중한 의뢰표현양식인 ご＋한자어＋願(ねが)う에 적용된 표현으로 '송부하여 주시기 바랍니다'에 해당된다.

- お手数(てかず)ながら: 手数(てかず)는 '번거로움, 성가심'의 뜻을 지닌 말인데 그 앞에 접두어 お와 뒤에 조사 ながら가 접속된 이와 같은 고정된 형태로 '번거로우시겠지만'의 뜻으로 쓰인다.

▶ 추가 주문

第234号

2011年11月1日

住友商事株式会社

営業部長 田中太郎 様

JR九州商事株式会社

購買課長 山田次郎

○○の追加注文について

拝啓　時下ますますご清栄のこととお慶び申し上げます。毎度格別のお引立てにあずかり、厚くお礼申し上げます。

さて、さる○月○日に納品いただきました御社製品「○○」は弊社でも売行き好調でございまして、すでに品切れと相なりました。

つきましては、同品を○○点、追加注文いたします。

なお、取引条件、支払方法は、前回と同様にてお願いいたします。

敬具

문서해설

▶ お引(ひ)き立(た)てにあずかり: 引(ひ)き立(た)ては '성원, 후원'의 뜻을 지닌 말인데 여기에 접두어 お가 접속되어 존경의 뜻을 나타내고 있으며, ～にあずかり는 주로 おほめ(칭찬)、お招(まね)き(초청)、お引(ひ)き立(た)て(성원, 후원)와 같은 말에 접속되어 윗분으로부터 어떠한 호의를 입는다는 뜻으로 쓰인다. 특히 이와 같은 비즈니스문서에서는 이러한 표현이 즐겨 사용되고 있으며, 여기에서는 '성원을 해주셔서'정도에 해당된다.

▶ さる: 주로 날짜를 나타내는 말의 앞에 접속되어 '지난'의 뜻을 나타내는 연체사로 비교적 격식을 차린 비즈니스문서 등에서 쓰인다.

▶ 納品(のうひん)いただきました: 동사 いただく는 もらう에 대한 겸양어동사로서 상대로부터 무언가를 받는다는 뜻을 정중하게 나타낼 때에 사용된다. 여기에서는 '납품을 받은'에 해당된다.

▶ 好調(こうちょう)でございまして: 好調(こうちょう)で(호조여서)라고 표현할 것을 보다 정중하게 나타내고자 이와 같이 표현하였다.

▶ 品切(しなぎ)れ: '품절'을 가리키는 말이다.

▶ 相(あい)なりました: 동사 相(あい)なる는 동사 なる와 같은 의미를 지니고는 있으나 이에 비하여 보다 격식을 차린 문장체적인 말이다.

▶ つきましては: '이에 관련하여'정도의 뜻을 나타내는 말이다.

▶ なお: 앞의 사항에 새로운 사항을 추가할 때에 쓰이는 부사로서 '또한, 아울러'의 뜻으로 사용되는 접속사이다. 비교적 격식을 차린 문체에서 사용된다.

▶ 前回(ぜんかい)と同様(どうよう)にて: ～と同様(どうよう)는 '～와(과) 같이'의 뜻으로 쓰이며, ～にて는 조사 ～に와 같은 뜻으로 쓰이지만 보다 격식을 차린 비즈니스 문서 등에서 쓰이고 있다. '전과 마찬가지로'에 해당된다.

▶가격개정 교섭

第234号
2011年11月1日

住友商事株式会社
購買部長 田中太郎 様

JR九州商事株式会社
販売課長 山田次郎

弊社製品価格改定のお願い

拝啓 貴社ますますご隆盛のこととお慶び申し上げます。平素は格別のご高配を賜り、厚くお礼申し上げます。

さて、たいへん申し上げにくいことでございますが、このところの人件費、運賃、材料費などの上昇により、弊社におきましても従来のお取引価格ではどうしても採算が合わなくなりました。

つきましては、まことに不本意ながら、別紙のとおり○月○日納入分から卸売価格を○%値上げさせていただきたく、お願い申し上げます。

弊社といたしましては、これを契機に品質の維持とサービスの向上などにさらに努力していく所存です。

何とぞ、弊社の事情をご了承のうえ、よろしくお願い申し上げます。

まずは、略儀ながら書中をもってお願い申し上げます。

敬具

문서해설

- ～のお願い: 이러한 형태로 주로 문서제목에 쓰이는데 '～에 대한 부탁말씀'에 해당된다.

- ご高配を賜り: 高配는 상대가 자신을 위하여 여러 가지로 배려해주는 것을 존경하여 표현한 말인데 주로 ご高配を賜る의 형태로 쓰인다. '여러 가지로 배려를 해주셔서'에 해당된다.

- 弊社におきましても: 입장을 나타내는 ～においても보다 격식을 차린 표현으로 '폐사에 있어서도'에 해당된다.

- 不本意ながら: 이러한 고정적인 형태로 '본의 아니게'라는 뜻을 나타낸다.

- 値上げさせていただきたく: ～させていただく는 자신의 생각이나 의지를 일방적으로 나타내는 표현으로 비즈니스문서에서는 매우 흔히 사용되곤 한다. ～いただきたく의 たく는 희망을 나타내는 조동사 たい의 연용형이며 '가격을 인상하고자'정도에 해당된다.

- 弊社といたしましては: 입장을 나타내는 ～としては에 비하여 する의 겸양어동사 いたす를 사용하고 정중함을 나타내는 조동사 ます까지 사용함으로서 보다 정중한 표현이 되었다. '폐사로서는'에 해당된다.

- 所存です: 所存은 격식을 차린 비즈니스문서 등에서 쓰이는 말로 '작정'에 해당된다.

- ご了承のうえ: 了承는 '양해'의 뜻을 나타내는 말로서 '양해를 하셔서'에 해당된다.

- 略儀ながら: 略儀는 '약식'에 해당되는 말로 주로 이러한 형태로 '간단하게나마'의 뜻을 나타낸다.

- 書中をもって: 書中는 '서신'을 가리키는 말이며 ～をもって는 '～로써'에 해당되는 말이다. '서신으로써'에 해당된다.

▶ 가격인하 교섭

第234号

2011年11月1日

住友商事株式会社

営業部長 田中太郎 様

JR九州商事株式会社

購買課長 山田次郎

仕入価格値下げのお願い

拝啓 貴社ますますご清栄のこととお慶び申し上げます。平素は格別のお引立てをいただき、厚くお礼申し上げます。

さて、たいへん恐縮ではございますが、貴社からの仕入れ価格を、来る○月○日より、現行価格の○%引きでお願いできませんでしょうか。

実は貴社と同業他社より多数引き合いがありまして、貴社とのお取引より○%ほど安く商品を入手することができます。弊社といたしましては、できれば貴社より購入したい意向でありますが、このままでは不本意ながら仕入先変更も考えざるをえないかと思います。

どうか、事情ご賢察のうえ、特別のご配慮をもってご了承賜りますよう重ねてお願い申し上げます。

まずは、略儀ながら書中をもってお願い申し上げます。

敬具

문서해설

- 仕入(しいれ): 동사 仕入れる(재료 등을 구입하다)의 연용형인 仕入れ가 전성명사화된 것으로 '구입, 구매'에 해당된다.

- 恐縮(きょうしゅく)ではございますが: 恐縮는 '송구스러움'을 나타내는 것으로 자신을 매우 겸손하고 정중하게 표현하는 말이다. '송구스럽기는 합니다만'에 해당된다.

- 引き合い(ひきあい): 거래를 시작하기 위하여 여러 가지로 문의나 거래조건 등을 제시하는 것을 가리킨다.

- 貴社(きしゃ)より購入(こうにゅう)したい: 조사 ~より는 기점을 나타내는 조사 ~から와 의미용법이 같게 쓰일 때도 있으며 이러한 경우 ~から에 비하여 다소 문장체적인 어감이 주어진다.

- 考(かんが)えざるをえない: ~ざるをえない는 그 앞에 동사미연형을 수반하여 '~(하)지 않을 수 없다'는 뜻을 나타내는데, 이러한 표현은 다소 문장체적인 어감이 주어진다. '생각하지 않을 수 없다'에 해당된다.

- ご賢察(けんさつ)のうえ: 賢察는 상대가 이쪽의 입장 등을 헤아려주는것을 높여서 표현한 말인데 여기에 존경의 접두어 ご가 접속됨으로서 정중도가 한층 높아졌다. '잘 헤아려주셔서'에 해당된다.

- 特別(とくべつ)のご配慮(はいりょ)をもって: ~をもって는 '~로써'에 해당되는 말로 '특별한 배려로써'에 해당된다.

- ご了承賜(りょうしょうたまわ)りますよう: 了承는 '양해'에 해당되는 말이며, 賜(たまわ)る는 윗분으로부터 호의를 입는다고 하는 뜻을 나타내는 동사이다. 아울러 ~よう는 '~(하)도록'의 뜻을 지닌 말이며 '양해하여주시도록'에 해당된다.

- 重(かさ)ねて: 동사 重ねる(거듭되다)의 연용형인 重ね에 접속조사 て가 접속되어 부사로 거듭 태어난 말로 '거듭'에 해당된다. 비교적 격식을 차린 비즈니스문서 등에서 쓰이곤 한다.

▶ 지불조건완화 교섭

第234号
2011年11月1日

住友商事株式会社
営業部長 田中太郎 様

JR九州商事株式会社
購買課長 山田次郎

取引条件の緩和について

拝啓 貴社ますますご盛業の段お慶び申し上げます。

さて、ご存知のとおり、長引く不況の影響で弊社も回転資金の運用がますます厳しくなってまいりました。

つきましては、まことに勝手なお願いでございますが、これまでの代金決済方法を下記のように変更していただきたいと存じます。

何とぞよろしくご了承賜りたく存じます。

まずは、取り急ぎお願いまで。

敬具

記

1 締切日 毎月○日（従来は○日）
2 支払日 翌月○日（従来は○日）
3 支払方法 約束手形（従来は現金）

以上

문서해설

- ～の段: 段은 그 앞에 조사 の를 수반한 형태로 '~(한) 점'의 뜻으로 쓰이는데 이러한 표현은 주로 격식을 차린 비즈니스문서 등의 인사말에서 쓰이고 있다. '성업 중이신 점'정도의 뜻으로 쓰였다.

- ご存じのとおり: ご存じ는 상대가 알고 있음을 높여서 나타낸 말이고 ～のとおり는 '～대로'의 뜻을 지니고 있다. '아시다시피'에 해당된다.

- 長引く不況: 동사 長引く는 시간이 비교적 길게 끌어짐을 나타내는 말로 '지속되는 불황'정도에 해당된다.

- 厳しくなってまいりました: ～てきました에 비하여 くる의 정중어인 まいる를 씀으로서 표현이 한층 정중해졌다. '어려워 졌습니다'정도에 해당된다.

- 勝手なお願い: 勝手な는 '일방적인'의 뜻을 지닌 말로 이러한 표현은 매우 겸손한 어감이 주어진다. '일방적인 부탁'에 해당된다.

- 変更していただきたい: 変更する의 주체는 상대이며, ～ていただきたい의 주체는 말하는 사람으로, 일본어에 존재하는 특이한 표현이다. 매우 정중한 표현으로 '변경해주셨으면'정도에 해당된다.

- 存じます: 동사 思う에 대한 정중표현으로 자신의 생각을 나타낼 때에 정중한 어감이 주어진다.

- ご了承賜りたく存じます: 了承는 '양해'의 뜻으로 '양해하여 주셨으면 합니다'에 해당된다.

- 取り急ぎ～まで: 取り急ぎ는 '우선'이라는 뜻을 지니고 있는데, 뒤에 ～まで를 수반한 형태로 '우선 ～말씀 올립니다'의 뜻을 나타낸다. 주로 비즈니스문서를 끝맺을 때에 빈번하게 쓰이는 인사말이다.

▶견적서송부 의뢰

第234号

2011年11月1日

住友商事株式会社

営業部長 田中太郎 様

JR九州商事株式会社

販売課長 山田次郎

○○の見積書送付のお願い

拝啓 平素は格別のお引立てを賜り、厚くお礼申し上げます。

さて、さっそくですが、下記の貴社取扱品について至急見積書をご送付くださいますようお願い申し上げます。

なお、お手数ですが、○月○日までにお願いいたします。

以上、取り急ぎご依頼まで。

敬具

記

1 品　目　○○○○（○○型）

2 数　量　○○個

3 納　期　○月○日まで

4 支払方法　手形（60日）

5 運賃諸掛　貴社負担

以上

문서해설

▸ 見積書: '견적서'를 가리키는 말로 발음에 주의하여야 한다.

▸ お礼申し上げます: 이러한 형태로 '감사말씀 올립니다'의 뜻을 나타내는데, 이러한 표현은 대체로 문서의 서두에 쓰이는 것이 보통이다.

▸ さっそくですが: 이러한 형태로 바로 본론에 들어가는 것에 대한 상대의 양해를 구하는 표현으로 쓰인다.

▸ 至急: '속히'라는 뜻인데 일본어에서는 우리말과 달리 至急に라고는 쓰이지 않고 이렇게만 쓰인다.

▸ ご送付くださいますよう: 送付가 정중한 의뢰표현양식인 ご＋한자어＋くださいに 적용되었으며, ～ように는 '～(하)도록'에 해당되는 말이다. '송부하여 주시길'에 해당된다.

▸ なお: 앞의 사항에 다시 새로운 사항을 덧붙일 때 쓰이는 접속사로 '또한, 아울러'정도에 해당된다.

▸ お手数ながら: 手数는 '번거로움, 성가심'의 뜻을 지닌 말인데 그 앞에 접두어 お와 뒤에 조사 ながら가 접속된 이와 같은 고정된 형태로 '번거로우시겠지만'의 뜻으로 쓰인다.

▸ ○月○日までに: ~までに는 정해진 기한을 넘기지 않고 그 안에, 라는 뜻으로 쓰이며, 이 경우 결코 지속적인 기간을 나타내는 ~までは 쓸 수가 없다. 우리말에서는 이와 같은 구별이 일체 없으므로 각별히 주의해야만 한다.

▸ 手形: '어음'에 해당되는 말이다.

▸ 運賃諸掛: 諸掛는 모든 비용을 가리키는 말로 여기에서는 결국 상품을 운반하는 데에 소요되는 일체의 비용을 말한다. '운임에 관한 모든 경비'에 해당된다.

▶ 거래처소개 의뢰

第234号

2011年11月1日

住友商事株式会社

営業部長 田中太郎 様

JR九州商事株式会社

販売課長 山田次郎

取引先ご紹介のお願い

拝啓 時下ますますご清祥のこととお慶び申し上げます。平素は格別のご高配を賜り厚く御礼申し上げます。

このたび弊社では、貴地○○市に営業所を開設する運びとなり、来る○月○日オープンすることになりました。弊社積年の念願が実現したわけでございます。

つきましては、この道の指導的立場にいらっしゃる○○様に、お取引先をご紹介いただければ幸いに存じます。近日中に、弊社担当職員を参上させますので、よろしくご引見のほどお願い申し上げます。

重ね重ね、ぶしつけなお願いで恐れ入りますが、まずは書状をもってお願い申し上げます

敬具

문서해설

- このたび: 今度와 같은 뜻이지만 비교적 격식을 차린 비즈니스문서 등에서 주로 쓰인다. '금번'에 해당된다.

- 運びとなり: 동사 運ぶ(나르다, 운반하다)의 연용형인 運び가 전성명사화된 것으로 일의 진행단계를 나타낸다. '단계가 되어'에 해당된다.

- 弊社積年の念願: 積年은 '오랜 세월'을 가리키는 말로 '폐사가 오랫동안 품어온 염원'에 해당된다.

- ご紹介いただければ: 紹介가 겸양표현양식인 ご＋한자어＋いただく에 적용된 것의 가정형으로 '소개해주실 수 있으시다면'에 해당된다.

- 幸いに存じます: 幸いに는 '다행스럽게'의 뜻이고 存じます는 思います에 대한 정중어이다. 이 표현은 주로 무언가를 부탁할 때에 쓰이는 것으로 '다행이겠습니다'에 해당된다.

- 参上させますので: 参上する는 行く의 겸양표현으로 여기에서는 '보내겠사오니'정도에 해당된다.

- ご引見のほど: 引見은 손윗사람이 손아랫사람을 불러서 만난다는 뜻인데 여기에서는 자기측을 겸손하게 표현하였다. '만나주실 것을'정도에 해당된다.

- 重ね重ね: '거듭해서'에 해당되는 부사이다.

- ぶしつけなお願い: ぶしつけな는 '무례한'에 해당되는 말로 '무례한 부탁말씀'에 해당된다.

- 恐れ入りますが: '송구스럽습니다만'에 해당되는 표현이다.

- 書状をもって: 書状는 서신을 가리키는 말이며 ～をもって는 '～로써의 뜻을 지닌 말이다. 이러한 표현은 격식을 차린 비즈니스문서 등에서 사용되는데 '서신으로써'에 해당된다.

▶면담 의뢰

第234号

2011年11月1日

住友商事株式会社

営業部長 田中太郎 様

JR九州商事株式会社

販売課長 山田次郎

○○についての打ち合せのお願い

拝啓 日頃は格別のお引立てにあずかり、まことにありがとうございます。

さて、さっそくですが、かねてよりお問合せいただいております○○につきまして、近日中に担当者とともに具体的なお打合せに参上いたしたく、ご都合お伺いいたします。

なお、ご訪問に先立ちお電話にてご連絡いたしますので、よろしくお願い申し上げます。

まずは、取り急ぎお願いまで。

敬具

문서해설

▶ 打ち合わせ: 동사 打ち合わせる(사전에 의논하다)의 연용형인 打ち合わせ가 전성명사화된 것으로 어떠한 결정에 앞서 사전에 구체적인 의논을 하는 행위를 가리킨다.

▶ 日頃: '평소'의 뜻을 지닌 말로 비즈니스문서의 인사말에서 종종 쓰인다.

▶ かねてより: かねて는 '이전부터'라는 뜻을 지닌 부사이며 ~より는 기점을 나타내는 조사로서 이러한 형태로 '전부터, 이전부터'의 뜻으로 쓰인다.

▶ お問い合わせいただいております: 동사 問い合わせる(문의하다)의 연용형이 전성명사화된 問い合わせ(문의)가 겸양표현양식인 ~いただいております에 접속되었고, 이것이 다시 뒤에오는 명사를 수식하는 형태이다. '문의를 받고 있는'에 해당된다.

▶ 担当者とともに: ~とともに는 ~と一緒に와 같은 뜻을 지니고는 있으나, 다소 문장체적인 어감이 주어진다. '담당자와함께'에 해당된다.

▶ お打ち合わせに: '사전논의'의 뜻을 지닌 打ち合わせ에 정중함을 나타내는 접두어 お가 접속되고 이어서 동작, 행위의 목적을 나타내는 조사 に가 연결된 형태이다. '사전 논의하러'에 해당된다.

▶ 参上いたしたく: 参上する는 行く의 겸양표현인데 する의 겸양어동사인 いたす를 씀으로서 정중도가 한층 높아졌다. ~たく는 희망을 나타내는 조동사 ~たい의 연용형이며 '찾아뵙고자'에 해당된다.

▶ ご都合お伺いいたします: 都合는 '형편, 사정'을 나타내는 말인데 상대방에게 쓸 경우에는 반드시 존경의 접두어 ご를 붙여야만 한다. 아울러 여기에서의 伺う는 '여쭙다'에 해당되는 겸양어동사이며 '시간사정을 여쭙습니다'에 해당된다.

▶납기유예 의뢰

第234号

2011年11月1日

住友商事株式会社

購買部長 田中太郎 様

JR九州商事株式会社

販売課長 山田次郎

○○納期猶予のお願い

拝啓　時下ますますご清祥のこととお慶び申し上げます。平素は格別のお引立てを賜りまことにありがとうございます。

さて、さっそくですが、先般、ご発注いただきました○○（○台)について、おわびとお願いを申し上げます。

実は、各方面から予想以上のご注文をいただき、生産が間に合わないという思わぬ事態が発生いたしました。

このため、お約束の期限より○か月程度、遅れるのは必至の情勢でございます。

まことに申しわけございませんが、事情ご賢察賜り、何とぞご寛恕くださいますようお願い申し上げます。

まずは、とりあえずおわびとお願いまで。

敬具

문서해설

▸ 先般(せんぱん): '일전에'라는 뜻으로 이러한 말은 주로 격식을 차린 비즈니스 문서 등에서 쓰이고 있다.

▸ ご発注(はっちゅう)いただきました: 発注(はっちゅう)를 겸양표현양식인 ご＋한자어＋いただく에 적용한 표현으로 '발주를 해주신'에 해당된다.

▸ おわび: おわび는 동사 わびる(용서를 빌다)의 연용형인 わび가 전성명사화된 것에 정중함을 나타내는 접두어 お가 접속되어 '사과'의 뜻을 나타낸다.

▸ ご注文(ちゅうもん)をいただき: いただく는 もらう에 대한 겸양표현인데 여기에서는 그 연용형인 いただき를 격식을 차린 어감의 중지법으로 사용하고 있다. '주문을 받아서'에 해당된다.

▸ 生産(せいさん)が間(ま)に合(あ)わない: 동사 間(ま)に合(あ)う(시간에 대다, 맞추다)의 부정표현으로 '생산이 제대로 시간에 맞추지 못한다'에 해당된다.

▸ 思(おも)わぬ事態(じたい): 思(おも)わぬ는 동사 思(おも)う의 미연형인 思(おも)わ에 부정을 나타내는 조동사 ぬ가 접속되어 하나의 단어처럼 쓰이는 말로 '예상치 못한'의 뜻으로 쓰인다.

▸ 何(なに)とぞ: 부사 何(なに)とぞ는 상대에게 무언가를 정중하게 부탁할 때에 곁들이는 말로 どうぞ、どうか에 비하여 보다 정중한 표현이다. '아무쪼록'정도에 해당된다.

▸ 遅(おく)れるのは必至(ひっし)の情勢(じょうせい): 必至(ひっし)는 반드시 그러한 결과에 이르게 됨을 나타내는 말로 '늦어질 것은 틀림없는 정세'에 해당된다.

▸ 事情(じじょう)ご賢察(けんさつ)賜(たまわ)り: 賢察(けんさつ)는 상대가 이쪽의 사정을 헤아려준다는 것을 존경하여 표현하는 말로 '사정을 헤아려 주셔서'에 해당된다.

▸ ご寛恕くださいますよう: 寛恕는 かんじょ로 발음하며 잘못을 넓은 마음으로 용서해준다는 뜻이다. '넓은 마음으로 용서해 주시길'에 해당된다.

▶ **지불유예 의뢰**

第234号

2011年11月1日

住友商事株式会社

販売部長 田中太郎 様

JR九州商事株式会社

購買課長 山田次郎

お支払猶予のお願い

謹啓 時下いよいよご盛栄の段お慶び申し上げます。平素は何かとご厚情にあずかり、深く感謝いたしております。

さて、さっそくですが、今月○日にお支払いするお約束の貴社製品の代金を、まことに申し上げにくいのですが、月末までお待ちいただきたく、伏してお願い申し上げます。

実は、弊社の大口取引先○○株式会社の倒産により、売掛金の回収が困難になり、資金繰りに苦慮している次第です。

今後につきましては、すでに見通しが立っており、ご心配をおかけすることはございません。

恐縮ではございますが、何とぞ今回にかぎり支払遅延をお許しくださいますようお願い申し上げます。

まずは、おわびかたがたお支払猶予のご依頼まで。

敬具

문서해설

- ～の段: 段은 그 앞에 조사 の를 수반한 형태로 '~(한) 점'의 뜻으로 쓰이는데 이러한 표현은 주로 격식을 차린 비즈니스문서의 인사말에서 쓰이고 있다. '번성하고 계신 점'정도에 해당된다.

- なにかとご厚情にあずかり: なにかと는 '여러 가지로'의 뜻을 지닌 부사이고 厚情는 '후의'에 해당되는 말이다. '여러 가지로 후의를 받고 있어'정도에 해당된다.

- お待ちいただきたく: 동사 待つ의 연용형인 待ち를 겸양표현양식인 お＋연용형＋いただく에 적용한 것에 희망의 조동사 たい의 연용형인 たく가 접속된 형태이다. '기다려 주시도록'에 해당된다.

- 付してお願い申し上げます: 付しては '삼가'에 해당되는 부사로 비즈니스문서 등에서 즐겨 사용되는 말이며 '삼가 부탁말씀 올립니다'에 해당된다.

- 売掛金: 대금은 나중에 지불한다는 약속 하에 판 물품대금을 가리킨다.

- 資金繰りに苦慮している次第です: 資金繰り는 '자금변통'에 해당되는 말이며 苦慮는 '고민하며 여러 가지로 생각함'을 나타내는 말이다. 아울러 次第です는 '～(하는) 따름입니다'에 해당되는데 '자금변통에 고민하고 있을 따름입니다'에 해당된다.

- 見通しが立っており: 見通しが立つ의 형태로 '전망이 서다'의 뜻으로 쓰여서 '전망이 서 있어서'의 뜻이 된다.

- ご心配をおかけする: '걱정을 끼쳐드리다'에 해당된다.

- おわびかたがた: おわび는 '사과'의 뜻이고 ～かたがた는 '～을 겸해서'란 뜻으로 그 앞에는 명사가 오게 되는데, '사과말씀을 겸해서'에 해당된다.

▶ 공장견학 의뢰

第234号
2011年11月1日

住友商事株式会社
営業部長 田中太郎 様

JR九州商事株式会社
販売課長 山田次郎

御社○○工場見学のお願い

拝啓 平素は格別のお引立てをいただき、厚くお礼申し上げます。

さて、本年も新入社員の研修のため、御社の○○工場の見学をさせていただきたいと存じます。

下記のとおり企画いたしましたが、いかがでしょうか。ご承諾の節は、お手数ながら折り返しお返事を賜りますようお願い申し上げます。

何とぞ、格別のお取り計らいをいただきますよう懇願申し上げます。

まずは、書中にてご依頼まで。

敬具

記

1 希望日時　○○○年○月○日
2 見学者　○名
3 引率者　○○部長　○○○○

以上

문서해설

- 本年: 今年와 같은 말이지만 비교적 격식을 차린 비즈니스문서 등에서 쓰이는 말이다.

- 見学をさせていただきたい: ～させていただく는 말하는 사람의 의지를 나타내는 표현인데 여기에 희망을 나타내는 조동사 たい가 접속된 형태이다. '견학을 하고자 한다'정도에 해당된다.

- ～と存じます: 동사 存じる는 思う에 대한 겸양표현으로 이러한 형태로 '～라고 생각 합니다'에 해당된다.

- ご承諾の節は: 承諾의 앞에 존경을 나타내는 접두어 ご를 접속시킴으로서 보다 정중도를 높였으며 節는 '때'를 나타내는 말로서 비교적 격식을 차린 비즈니스문서 등에서 쓰이는 말이다. '승낙하시게 되면'정도에 해당된다.

- お手数ながら: '번거로우시겠습니다만'에 해당된다.

- 折り返し: 折り返し는 '곧바로'에 해당되는 부사인데 주로 편지를 받고 즉시 답장을 해줄 것을 부탁할 때에 쓰이는 말이다.

- お返事を賜りますよう: 동사 賜る는 윗분으로부터 받는다는 뜻이며 '답장을 받을 수 있도록'에 해당된다.

- お取り計らいをいただきますよう: 동사 取り計らう(조치하다, 처리하다)의 연용형인 取り計らい가 전성명사화된 것으로 여기에 존경의 접두어 お가 접속되어 정중도를 높였다. '조치를 해주시도록'에 해당된다.

- 懇願申し上げます: 懇願은 우리말에서는 쓰지 않는 말로 '간청'에 해당된다.

- 書中にて: 書中는 '서신'에 해당되는 문장체적인 말로 여기에서는 '서신으로써'에 해당된다.

▸ 거래신청 승낙

第234号

2011年11月1日

住友商事株式会社

営業部長 田中太郎 様

JR九州商事株式会社

販売課長 山田次郎

お取引申入れの承諾について

拝復　残暑の候、貴社ますますご繁栄のこととお慶び申し上げます。

さて、このたびは、貴社営発第○号にてお取引開始のお申入れをいただき、心よりお礼申し上げます。お申入れの件につきましては、喜んでお受けすることにいたしました。

かねがね貴社の業界における信用の高さは承っており、このたびのお申入れはまさに願ってもない幸運でございます。

ご提示のお取引条件につきましては、何ら異存はございません。

まずは、承諾のご返事まで。

敬具

문서해설

- お取引申し入れ: お取り引きは '거래'를 가리키는 말이고 申し入れ는 '신청'을 가리키는 말이다.
- 拝復: 편지의 답장에서 서두에 쓰는 말로 '삼가 답장을 올립니다'라는 뜻이다.
- 残暑の候: 残暑는 '늦더위'를 가리키고, 候는 '계절'을 가리키는 말인데 한여름이 지난 다음에 이러한 인사표현을 쓰게 된다.
- お申し入れをいただき: 申し入れ(신청)에 존경의 접두어 お를 접속시켜서 정중도를 높였는데 '신청을 해주셔서'정도에 해당된다.
- お受けすることにいたしました: 동사 受ける(받다)를 겸양표현양식인 お＋동사연용형＋する에 적용하였으며 する의 겸양어 동사인 いたす를 씀으로서 한층 정중도를 높인 것으로 '받기로 하였습니다'에 해당된다.
- かねがね: '오래전부터'라는 뜻의 부사이다.
- 承っており: 동사 承る는 무언가를 들었다고 하는 것을 겸손하게 표현한 말이며 여기에다가 정중함을 나타내는 보조동사 ～ておる의 중지법인 ～ており를 사용함으로서 한층 표현이 정중해졌다. '듣고 있어서'정도에 해당된다.
- 願ってもない幸運: 願ってもない는 도저히 가능성이 없던 일이 뜻밖에도 실현되는 것을 나타내는 말로 이 표현은 '너무나도 큰 행운'정도에 해당된다.
- 何ら異存はございません: 何ら는 '아무것도, 조금도'라는 뜻의 부사로 그 뒤에는 항상 부정표현이 오게 된다. 또한 異存은 '이의'에 해당되는 말이며, ありません의 정중표현인 ございません을 씀으로서 한층 정중도가 높아졌다. '아무런 이의가 없습니다'에 해당된다.

▶수주 승낙

第234号
2011年11月1日

住友商事株式会社
営業部長 田中太郎 様

JR九州商事株式会社
販売課長 山田次郎

○○ご注文の承諾について

拝復　平素は格別のお引立てにあずかり、厚くお礼申し上げます。

さて、このたびは○月○日付にて標記商品をご注文いただきまして、まことにありがとうございました。

さっそく出荷の手配をいたしましたので、ご指定の納期までには到着の予定でございます。

今後ともお引立てのほどよろしくお願い申し上げます。

まずは、お礼かたがたご通知まで。

敬具

記

1　注文品　全自動○○ＷＡ－3
2　数　量　○台
3　価　格　○○円
4　納　期　平成○年○月○日
5　受渡場所　貴社持込み
6　運送方法　○○運輸特急便にて配送
7　運賃諸掛　弊社負担
8　支払期日　平成○年○月○日
9　支払方法　○○銀行弊社口座振込

以上

문서해설

▸ このたびは: このたび는 今度와 같은 뜻이지만 비교적 격식을 차린 비즈니스문서 등에서 주로 쓰인다. '금번'에 해당된다.

▸ ○月○日付にて: 접미어 付는 때를 나타내는 명사에 접속되어 쓰이며 ~にて는 '~로'에 해당되는 조사로 주로 격식을 차린 비즈니스 문서 등에서 쓰인다. '~○월 ○일부로'에 해당된다.

▸ ご注文いただきまして: 注文을 겸양표현양식인 ご+한자어+いただく에 적용하여 정중도를 높인 것으로 '주문을 해주셔서'에 해당된다.

▸ 出荷の手配をいたしましたので: 手配는 '준비'라는 말로서 '출하준비를 하였사오니'에 해당된다.

▸ ご指定の納期: 指定에 존경의 접두어 ご를 접속시킴으로서 정중도를 높였는데, '지정하신 납기'에 해당된다.

▸ 今後とも: '앞으로도'의 뜻을 지닌 말로 주로 격식을 차린 비즈니스 문서 등에서 사용된다.

▸ お引き立てのほど: 引き立て는 '성원, 후원'의 뜻이며, ~のほど는 '~하여 주실 것을'정도에 해당되어, '성원하여 주실것을'의 뜻을 나타낸다.

▸ お礼かたがた: かたがた는 '~을 겸해서'란 뜻으로 그 앞에는 명사가 오게 되는데, '감사말씀과 더불어'에 해당된다.

▸ 受渡: 상품과 대금을 주고받는 것을 가리키는 말로 여기에서는 상품을 인도하는 장소를 나타내고 있다.

▸ 口座振込: 振込는 예금구좌에 돈을 불입한다는 뜻인데, 여기에서는 상대회사가 자기회사의 예금구좌에 대금을 불입한다는 뜻으로 쓰였다.

▸가격인하 승낙

第234号

2011年11月1日

住友商事株式会社

営業部長 田中太郎 様

JR九州商事株式会社

販売課長 山田次郎

値引きの承諾について

拝復 平素は格別のお引立てを賜り、厚くお礼申し上げます。

さて、○月○日付貴信、拝読いたしました。納入製品の値引きのご要望につきましては、やむをえないものと了解いたしました。

ご来示のご事情お察し申し上げ、ほかならぬ貴社よりのお申出でございますので、お受けしたしだいでございます。

なお、弊社といたしましても今回の線がぎりぎりのところでございますので、何とぞお含みおきください。

まずは、値引きの要求のご返事まで。

敬具

문서해설

- 値引き: 가격을 정가보다 싸게 파는 것으로 '가격인하'에 해당된다.

- 貴信、拝読いたしました: 貴信은 상대의 편지를 높여서 부르는 것이고 拝読는 상대의 편지를 읽는 것을 겸손하게 표현한 말이다. 여기에서는 拝読する의 겸양어동사인 拝読いたす를 씀으로서 정중도를 더 높이고 있다.

- ご要望につきましては: 要望에 존경의 접두어 ご를 접속하고, ~については를 보다 정중하게 표현하고 있다. '요망하신 것에 관해서는'에 해당된다.

- やむをえないものと: やむをえない는 '어쩔 수 없다, 부득이하다'의 뜻으로 '부득이한 것으로'에 해당된다.

- 了解いたしました: 了解する는 '이해하다'의 뜻인데 여기에서는 する의 겸양어동사인 いたす를 씀으로서 정중도를 더 높이고 있다.

- ご来示のご事情: 来示는 상대가 편지에 담은 내용을 정중하게 나타낸 말이며 '전해오신 사정'에 해당된다.

- お察し申し上げ: 동사 察する(헤아리다, 짐작하다)의 연용형인 察し가 최고의 겸양표현양식인 お＋동사연용형＋申し上げる에 적용된 형태이다. '헤아리고'정도에 해당된다.

- ほかならぬ貴社よりの申出: '다름 아닌 귀사로부터의 요청'에 해당된다.

- ぎりぎりのところでございますので: '한계점이오니'에 해당된다.

- お含みおきください: 이러한 형태로 자기의 사정을 잘 이해하여 달라는 뜻으로 쓰인다.

▸납기유예 승낙

第234号

2011年11月1日

住友商事株式会社

営業部長 田中太郎 様

JR九州商事株式会社

販売課長 山田次郎

納期遅延の承諾について

前略 取り急ぎご返事申し上げます。

ご来示の「○○」○個の納期遅延の理由、やむをえないことと了承いたします。

さっそく、弊社納入先にも連絡いたし、ご了解を得ました。

ただし、先様ではこれ以上の遅延は絶対認められないとのことです。

つきましては、お申越しの更新納期○月○日を厳守されますよう、くれぐれもお願いいたします。

草々

문서해설

- 納期猶予: 猶予는 정해진 날짜를 미루는 것을 가리키는 말로 '납기유예'에 해당된다.

- 前略: 편지의 서두에 등장하는 인사말 등을 일체 생략한다는 뜻으로 시간을 다투는 비즈니스문서에 적합하다. 다만, 이러한 표현은 윗분에게는 사용하지 않는 것이 바람직하다.

- やむをえないことと: やむをえない는 '어쩔 수 없다, 부득이하다'의 뜻으로 '어쩔 수 없는 것으로'에 해당된다.

- 了承いたします: 了承する는 '상대의 사정을 이해하여 받아들이다'의 뜻인데 여기에서는 する의 겸양어동사인 いたす를 씀으로서 정중도를 더 높이고 있다.

- 納入先: ～先는 상대편을 가리키는 말로 '납입처'에 해당된다.

- 先様では: 상대편사람을 존경해서 나타낸 말로 '그쪽에서는'정도에 해당된다.

- 認められないとのことです: 認められない는 동사 認める의 미연형인 認め에 수동의 조동사 られる가 접속되고 이어서 부정표현으로 바뀐 것인데 여기에서는 가능표현으로 쓰였다. 또한 ～のことです는 '～라는 것입니다'의 뜻으로 '인정할 수 없다는 것입니다'에 해당된다.

- お申し越しの: お申し越し의 형태로서 '말씀해 오신'의 뜻을 나타낸다.

- 厳守されますよう; 여기에서의 される는 존경표현으로 쓰여서 '엄수하시도록'에 해당된다.

- 草々: 문서의 마지막에 쓰이는 것으로 서두에 쓰이는 前略와 호응하여 쓰이는데 보통 시간을 다투는 비즈니스문서에서 쓰인다.

▶ 대금지불연기 승낙

第234号

2011年11月1日

住友商事株式会社

営業部長 田中太郎 様

JR九州商事株式会社

販売課長 山田次郎

代金支払延期の承諾について

拝復 ○月○日付貴信、本日拝受いたしました。

○月○日付で納品いたしました○○機器○台の代金、○○円のお支払延期のご依頼の件、貴社のご要望どおり○か月後のお支払いを承知いたします。

ただし、来月以降は必ずお約束どおりの期日にてお支払いいただきたいと存じます。

敬具

문서해설

- 拝復: 편지의 답장에서 서두에 쓰는 말로 '삼가 답장을 올립니다'라는 뜻이다.

- 貴信: 貴信은 상대의 편지를 높여서 부르는 말이다.

- 本日: 今日와 같은 말이나 비즈니스문서와 같은 격식을 차린 문체에서 쓰이며 '금일'에 해당된다.

- 拝受いたしました: 拝受する는 もらう에 대한 겸손표현으로 주로 격식을 차린 비즈니스문서 등에서 쓰인다. 여기에서는 상대의 편지를 받았음을 겸손하게 표현한 말이다. 아울러 拝受する의 겸양어동사인 拝受いたす를 씀으로서 정중도를 더 높이고 있다.

- ご依頼の件: 依頼에 존경의 접두어 ご를 접속함으로서 정중도를 높였으며 '의뢰하신 건'에 해당된다.

- ご要望どおり: 要望에 존경의 접두어 ご를 접속함으로서 정중도를 높였으며 ～どおり는 '～대로'의 뜻이다. '요망하신 대로'에 해당된다.

- 承知いたします: 承知する는 전후사정을 파악한 다음에 받아들이는 것을 나타내는 말로 '받아 들이겠습니다'에 해당된다.

- ただし: 단서조건을 나타내는 말로 '단'에 해당된다.

- お約束どおりの期日にて: 約束에 접두어 お를 붙여서 정중도를 높였으며 ～にて는 격식을 차린 문체에서 쓰이는 조사로 ～で와 같다. '약속대로의 기일에'에 해당된다.

- お支払いいただきたい: 동사 支払う의 연용형인 支払い가 겸양표현양식인 お＋동사연용형＋いただく에 적용되고 다시 여기에 희망의 조동사 たい가 접속된 형태이다. '지불해주셨으면 하고'에 해당된다.

▶신규거래신청 거절

第234号

2011年11月1日

住友商事株式会社

営業部長 田中太郎 様

JR九州商事株式会社

販売課長 山田次郎

新規取引お申込みの件

拝復 貴社ますますご隆昌のこととお慶び申し上げます。

さて、このたびは弊社との新規取引のお申込みにあずかり、まことにありがとうございました。

さっそく検討させていただきましたが、はなはだ残念ながら貴意に沿いかねる仕儀と相なりました。

実は、貴地にはすでに○年前より特約店契約の取引先がございまして、同一地域内での新規契約はいたしかねる次第でございます。

せっかくお申込みいただきましたのに、ご希望にお応えすることができず、まことに心苦しく存じますが、あしからずご了承のほどお願い申し上げます。

まずは、お返事まで。

敬具

문서해설

- お申込みにあずかり: 申込みは '신청'의 뜻을 지닌 말인데 여기에 접두어 お가 접속되어 존경의 뜻을 나타내고 있으며, ~にあずかり는 주로 おほめ(칭찬)、お招き(초청)、お引き立て(성원, 후원)와 같은 말에 접속되어 윗분으로부터 어떠한 호의를 입는다는 뜻으로 쓰인다. 특히 이와 같은 비즈니스문서에서는 이러한 표현이 즐겨 사용되고 있는데, 여기에서는 '신청을 해주셔서'정도의 뜻으로 쓰였다.

- 検討させていただきましたが: 検討する의 미연형인 検討さ가 말하는 사람의 의지를 나타내는 표현인 ~せていただく에 접속된 형태이다. '검토하였습니다만'에 해당된다.

- 貴意にそいかねる: 貴意는 상대의 의향, 뜻을 가리키는 말이며 そいかねる는 동사 添う(부합되다)의 연용형에 그 동작, 행위를 하기 어려움을 나타내는 말인 かねる가 접속된 형태이다. '귀사의 뜻에 부합되기 어려운'에 해당된다.

- 仕儀と相なりました: 仕儀는 그러한 사정을 나타내는 말로 대체로 바람직하지 못한 경우에 쓰이며 相なる는 なる에 대한 정중어이다. '~(하는)바가 되었습니다'에 해당된다.

- いたしかねる次第でございます: いたす의 연용형인 いたし에 그 동작, 행위를 하기 어려움을 나타내는 말인 かねる가 접속된 형태이다. '하기 어려운 바입니다'에 해당된다.

- お応えする: 동사 応える(부응하다)의 연용형인 応え가 겸양표현양식인 お＋동사연용형＋する에 적용됨으로서 정중도가 높아진 형태이다. '부응하다'에 해당된다.

- 心苦しく存じますが: 心苦しい는 '마음이 괴롭다'의 뜻이며 存じる는 思う에 대한 겸양어동사이다.

- あしからずご了承のほど; あしからず는 '나쁘게 생각하지 말고'의 뜻이며 ~のほど는 '~(해)주실 것을'의 뜻이다. '널리 양해하여 주실 것을'에 해당된다.

▸주문 거절

第234号

2011年11月1日

住友商事株式会社

営業部長 田中太郎 様

JR九州商事株式会社

販売課長 山田次郎

貴社ご注文に関する件

拝復 貴社ますますご隆昌のこととお慶び申し上げます。

このたびは、弊社製品をご注文いただきまことにありがとうございます。

さて、ご注文いただきました○○は、発売以来予想以上の好評のため品切れとなりましたので、まことに残念ながらお役に立つことができません。

何とぞ悪しからずご了承のほどお願いいたします。

なお、○月上旬には再入荷の見込みでございます。入荷しだいご通知申し上げますので、その節はあらためてご注文くださいますようお願いいたします。

まずは、おわびかたがたお願いまで。

敬具

문서해설

- ご隆盛のことと: 隆盛는 '번성, 번창'의 뜻을 지닌 말이며 ～のことと는 '～(할) 것으로'에 해당된다.

- ご注文いただき: 注文이 겸양표현양식인 ご＋한자어＋いただく에 적용된 형태에서 연용형만으로 쓰이는 중지법이 사용되어 있다. 이와 같이 연용형만으로 일단 말을 중지하는 것은 격식을 차린 비즈니스 문서 등에서 많이 사용되는데 '주문해주셔서'에 해당된다.

- 品切れとなりましたので: 品切れ는 '품절'을 가리키는 말이며 ～となる는 격식을 차리는 문장체에서 쓰인다. '품절이 되었으므로'에 해당된다.

- お役に立つ: 이러한 형태로 '도움이 되어드린다'의 뜻을 나타낸다.

- 再入荷の見込みでございます: 見込み는 '예상, 전망'의 뜻을 나타내어서 '재입하될 전망입니다'에 해당된다.

- 入荷しだい: しだい는 명사나 동사연용형에 접속되어 '～하는 대로 바로'의 뜻을 나타내어 '입하하는 대로 바로'에 해당된다.

- ご通知申し上げますので: 通知가 최고의 겸양표현양식인 ご＋한자어＋申し上げる에 적용된 형태로 '통지하겠사오니'에 해당된다.

- その節はあらためて: 節는 '때'의 뜻을 나타내는 것으로 비교적 격식을 차린 비즈니스문서 등에서 사용되며 あらためて는 '다시, 별도로'라는 뜻을 나타내는 부사이다. '그 때는 별도로'에 해당된다.

- おわびかたがたお願いまで: おわび는 동사 わびる(사과하다)의 연용형인 わび가 전성명사화된 것에 정중함을 나타내는 접두어 お가 접속된 것인데 여기에 '～을 겸해서'라는 뜻의 접미어 かたがた가 접속된 형태이다. '사과와 더불어 부탁 말씀 올립니다'정도에 해당된다.

▶ 가격인하요청 거절

第234号
2011年11月1日

住友商事株式会社
営業部長 田中太郎 様

JR九州商事株式会社
販売課長 山田次郎

貴社値下げご要望に関する件

拝復 平素はひとかたならぬご配慮にあずかり深謝いたしております。

さて、このたびの弊社納入品について一律○%値引きをしてほしいとのご要望につきましては、さっそく何とかご期待に添えるよう検討と努力をいたしました。しかしながら、まことに申し上げにくいことではございますが、やはりそれだけの値引きはいたしかねます。

弊社といたしましても諸経費の上昇により、現行価格を維持していくのが精一杯という状況にあるからでございます。

何とぞ事情ご賢察のうえ、ご了承賜りますようお願い申し上げます。

なお、必要があれば、いつでも担当者を貴社に訪問させますので、ご一報ください。

まずは、ご返事かたがたお願いいたします。

敬具

문서해설

- ひとかたならぬご配慮にあずかり: ひとかたならぬ는 '막대한'의 뜻이며 ～にあずかり는 상대로부터 호의를 받는 것을 존경하여 나타낸 말이다. '막대한 배려를 해주셔서'에 해당된다.

- 深謝いたしております: 深謝는 깊이 감사드리는 뜻으로 쓰이며 する의 겸양어동사인 いたす와 보조동사 ～ています에 대한 정중표현인 ～ております가 쓰여서 한층 정중도가 높여져있다. '깊이 감사드리고 있습니다'에 해당된다.

- 値引きをしてほしいとの: ～てほしい는 상대에 대한 희망을 나타내고 ～との는 '～라고 하는'뜻을 나타내어서 '가격인하를 해주었으면 한다는'에 해당된다.

- ご期待に添えるよう: ご期待に添う의 형태로 '기대에 부응하다'의 뜻으로 쓰이는데 여기에서는 添う의 가능동사인 添える가 쓰였다. '기대에 부응할 수 있도록'에 해당된다.

- しかしながら: しかし와 같은 뜻이지만 비교적 격식을 차린 비즈니스문서 등에서 쓰인다.

- 維持していくのが精一杯という: ～のが精一杯의 형태로 '～(하는)것이 고작'의 뜻을 나타내어 '유지해나가는 것이 고작이라고 하는'에 해당된다.

- ご賢察のうえ: 賢察는 상대가 이쪽의 사정을 헤아려주는 것을 존경하여 표현하는 말이어서 '잘 헤아리셔서'에 해당된다.

- ご了承賜りますよう: 了承는 '양해'의 뜻을 지닌 말로 '양해하여 주시도록'에 해당된다.

- ご一報ください: 一報는 간단히 알려주는 것을 가리키는 말인데 보통 ご一報ください의 형태로 쓰여서 '알려주십시오'정도의 뜻을 나타낸다.

▶ 납기연기요청 거절

第234号

2011年11月1日

住友商事株式会社

営業部長 田中太郎 様

JR九州商事株式会社

購買課長 山田次郎

納期延期についてのお願い

拝復 用件のみ取り急ぎ申し上げます。

結論から申し上げますと、納期延長は承服いたしかねます。当初お約束の日時をご確認のうえ、善処していただきたくおねがいいたします。

貴社のご事情はよくわかりますが、今回発注いたしました商品は、○月○日の大創業祭に使用するもので、このままでは、納期遅延により生じた損害の一切を貴社にご負担願うほかございません。

以上の事情をご賢察のうえ、納期厳守のためご尽力いただきたくお願い申し上げます。

まずは、お返事かたがたお願いまで。

敬具

문서해설

▸ 用件のみ取り急ぎ申し上げます: のみ는 한정을 나타내는 ばかり와 같은 뜻이지만 비교적 격식을 차린 비즈니스문서 등에서 쓰이고 取り急ぎ는 '우선'의 뜻을 지닌 말이다. '용건만 우선 말씀드립니다'에 해당된다.

▸ 承服いたしかねます: 承服する에서 する의 겸양어동사인 いたす를 썼고 여기에 그 동작, 행위를 하기가 어려움을 나타내는 접미어 かねる가 접속됨으로서 정중도가 높아졌다. '승복하기 어렵습니다'에 해당된다.

▸ ご確認のうえ: 確認에 존경의 접두어 ご가 접속되었고 여기에 '~하셔서'의 뜻을 지닌 ~のうえ가 연결된 형태로 '확인하셔서'에 해당된다.

▸ 善処していただきたく: ~ていただきたい는 상대에 대한 희망을 겸손하게 표현하는 형식인데 다시 たい의 연용형인 たく가 쓰인 형태이다. '선처해주셨으면 하고'에 해당된다.

▸ 発注いたしました商品: 発注した商品이라고 해도 될 것을, 보다 정중하게 하고자 する의 겸양어동사인 いたす를 쓰고 여기에 다시 정중함을 나타내는 조동사 ます까지 씀으로서 매우 정중도가 높아진 표현이다.

▸ 納期遅延により生じた損害: '납기지연에 의해 발생한 손해'의 뜻이다.

▸ ご負担願うほかございません: 동사에 접속하여 '~(할)수밖에 없습니다'는 뜻을 나타내는 ~ほかありません에서 이보다 더 정중한 ございません을 쓴 형태이다. '부담을 부탁드릴 수밖에 없습니다'에 해당된다.

▸ ご尽力いただきたく: 尽力는 최선을 다하여 힘을 쓴다는 뜻인데 이것이 겸양표현양식인 ご+한자어+いただく에 적용된 다음에 여기에 다시 희망의 조동사 たい의 연용형인 たく가 접속된 형태이다. '진력해주시도록'에 해당된다.

▶ 수주에 대한 감사

第234号

2011年11月1日

住友商事株式会社

購買部長 田中太郎 様

JR九州商事株式会社

販売課長 山田次郎

ご注文いただきまして誠にありがとうございます。

拝復 平素は格別のお引立てを賜り、厚くお礼申し上げます。

さて、このたびは弊社商品○○を大量にご注文いただき、まことにありがとうございます。

ご注文の品は、期日までに必ずお届けいたします。

今後とも、弊社商品をお引立てくださいますようお願い申し上げます。

まずは、とりあえずご注文のお礼を申し上げます。

敬具

記

同封書類　　注文請書　1通

以上

문서해설

- ご注文いただきまして: 注文이 겸양표현양식인 ご＋한자어＋いただく에 적용된 다음 다시 정중함을 나타내는 조동사 ます가 접속됨으로서 매우 정중도가 높아진 표현이다. '주문해주셔서'에 해당된다.

- このたびは: このたび는 今度와 같은 뜻이지만 비교적 격식을 차린 비즈니스문서 등에서 주로 쓰인다. '금번'에 해당된다.

- ご注文の品: 注文에 존경의 ご를 접속시켜 상대에 대한 예우를 나타내었는데 조사 の에는 서술적용법이 있어서 ご注文の의 형태로 '주문하신'에 해당된다.

- 期日までに: ~までに는 정해진 기한을 넘기지 않고 그 안에, 라는 뜻으로 쓰이며, 이 경우 결코 지속적인 기간을 나타내는 ~まで는 쓸 수가 없다. 우리말에서는 이와 같은 구별이 일체 없으므로 각별히 주의해야만 한다.

- お届けいたします: 동사 届ける(배달하다)의 연용형인 届け가 겸양표현양식인 お＋동사연용형＋いたす에 적용된 것으로 '배달해드리겠습니다'에 해당된다.

- 今後とも: これからも와 같은 뜻이지만 비교적 격식을 차린 비즈니스문서 등에서 쓰이며 '금후로도, 앞으로도'에 해당된다.

- お引き立てくださいますよう: 동사 引き立てる(성원하다, 후원하다)의 연용형인 引き立て가 존경의뢰양식인 お＋동사연용형＋ください에 적용된 것으로 '성원해주시도록'에 해당된다.

- ご注文のお礼を申し上げます: '주문해주신 데에 대한 감사말씀을 올립니다'의 뜻이다.

- 注文請書: 請書는 상대의 요구나 의뢰에 대하여 승낙되었음을 작성하여 상대에게 전달하는 문서를 가리킨다.

▶상품구입에 대한 감사

第234号

2011年11月1日

住友商事株式会社

購買部長 田中太郎 様

JR九州商事株式会社

販売課長 山田次郎

お買い上げ頂きまして誠に有難うございます。

拝啓　貴社ますますご繁栄のこととお慶び申し上げます。平素は種々ご協力をいただきありがとうございます。

さて、このたびは、弊社製品○○をお買い上げくださいまして、まことにありがとうございました。ご使用になって調子はいかがでございましょうか。

なお、お買い上げの商品につきまして、ご不満やご要望などがございましたら、ご遠慮なくお申しつけください。

今後とも、弊社製品をご愛顧くださいますようお願い申し上げます。

まずは、お礼かたがたご案内申し上げます。

敬具

문서해설

- お買い上げいただきまして: お買い上げ의 형태로 고객의 구입에 대한 존경을 나타내어서 '구입하여 주셔서'에 해당된다.

- 種々ご協力いただき: 種々는 '여러 가지로'의 뜻을 지닌 부사로 비교적 격식을 차린 비즈니스문서 등에서 사용된다. ご協力いただき는 중지법으로 쓰인 것인데 이것 역시 격식을 차린 문체에서 사용된다. '여러 가지로 협력해 주셔서'에 해당된다.

- お買い上げくださいまして: 뜻은 お買い上げいただきまして와 같으나 굳이 차이라고 한다면 표제어는 상대를 중심으로 표현한 것이고 후자는 자기를 중심으로 표현한 것이다.

- ご使用になって: 使用가 존경표현양식인 ご＋한자어＋になる에 적용된 것으로 '사용하셔서'에 해당된다.

- 調子はいかがでございましょうか: 調子는 '상태, 정도'를 나타내는 말이며 いかがでございましょうか는 정중도가 매우 높은 표현으로 '어떠하십니까'에 해당된다.

- ご不満やご要望などがございましたら: 상대의 불만이나 요망이므로 각각 존경의 접두어 ご를 접속시켰으며 ありましたら에 대한 정중표현인 ございましたら를 사용하였다. '불만이나 요망 등이 있으시면'에 해당된다.

- ご遠慮なくお申し付けください: ご遠慮なく의 형태로 '사양치마시고'의 뜻을 나타내며, 동사 申し付ける(분부를 내리다)의 연용형인 申し付け가 존경의뢰양식인 お＋동사연용형＋ください에 적용된 형태이다. '사양치마시고 말씀하여 주십시오'에 해당된다.

- ご愛顧くださいますよう: 愛顧는 '성원'에 해당되는 말이며 愛顧가 존경의뢰양식인 ご＋한자어＋ください에 적용된 표현이다. '성원하여 주시도록'에 해당된다.

▶지불유예에 대한 감사

第234号

2011年11月1日

住友商事株式会社

営業部長 田中太郎 様

JR九州商事株式会社

購買課長 山田次郎

支払猶予の礼状

拝復 時下ますますご発展のこととお慶び申し上げます。平素は格別のお引立てを賜り、厚くお礼申し上げます。

さて、このたびの支払猶予の一件につきましては、貴社に多大なご迷惑をおかけいたしました。深くおわび申し上げます。

おかげさまで弊社は信用を保ち、難関を切り抜けることができました。

これもひとえに貴社のご温情によるものと深く感謝いたしております。

ご猶予いただきました支払分につきましては、お約束の期日を守り、これ以上のご迷惑はおかけいたしませんので、お許しください。

まずは、とりあえず書中をもってお礼申し上げます。

敬具

문서해설

- 支払い猶予の礼状: 猶予는 정해진 날짜를 연기하는 것이며 礼状는 감사편지를 가리킨다.

- 一件につきましては: 一件은 하나의 사건을 가리키는 말이지만 여기에서는 단지 '건'을 나타내며 ~につきましては는 ~については에 대한 정중표현이다. '~건에 대하여는'에 해당된다.

- ご迷惑をおかけいたしました: 迷惑의 앞에 접두어 ご가 접속되고 동사 かける를 겸양표현양식인 お+동사연용형+いたす에 적용함으로서 한층 정중한 표현이 되었다. '폐를 끼쳤습니다'에 해당된다.

- おわび申し上げます: 동사 わびる(사과하다)의 연용형인 わび가 최고의 겸양표현양식인 お+동사연용형+申し上げる에 적용된 것으로 '사과말씀 올립니다'에 해당된다.

- 信用を保ち: 동사 保つ(유지하다)의 연용형인 保ち를 그대로 쓰는 중지법을 사용하였는바, 이러한 중지법은 주로 격식을 차린 비즈니스 문서 등에서 사용되는 경향이 있다.

- 難関を切り抜ける: '난관을 헤쳐나간다'는 뜻이다.

- ひとえに: '전적으로'라는 뜻의 부사이다.

- ご温情によるものと: 温情의 앞에 존경의 접두어 ご를 접속함으로서 정중도를 높였는데 '온정에 의한 것으로'에 해당된다.

- ご猶予いただきました: 猶予가 겸양표현양식인 ご+한자어+いただく에 적용된 형태로 '유예하여 주신'에 해당된다.

- 書中をもって: 書中는 '편지'를 품위 있게 나타내는 말이며 ~をもって는 방법을 나타내는 어구로 '~로써'의 뜻을 지니고 있는데 이러한 표현은 주로 격식을 차린 비즈니스문서등에서 사용한다. '서신으로써'에 해당된다.

▶회사소개에 대한 감사

第234号

2011年11月1日

住友商事株式会社

営業部長 田中太郎 様

JR九州商事株式会社

販売課長 山田次郎

○○株式会社様ご紹介のお礼

拝啓　時下ますますご発展のこととお慶び申し上げます。平素は格別のお引立てを賜り、厚くお礼申し上げます。

さて、このたびは○○株式会社様をご紹介くださいまして、まことにありがとうございました。

おかげをもちまして、○○株式会社様からはさっそくご注文いただきました。

今後は末長くご愛顧いただけますよう、努力して貴社のご厚情にお応えしたいと存じます。

まずは、とりあえずお礼かたがたご報告申し上げます。

敬具

문서해설

- ○○株式会社様: 会社가 다른 말에 붙어서 쓰일 때는 がいしゃ로 발음이 변하는 점에 주의하여야 하며 접미어 様는 이와 같이 사람뿐만 아니라 상대회사를 가리킬 때도 쓰인다.

- ご紹介のお礼: 紹介에 존경의 접두어 ご를 접속시켜서 정중도를 높였고 お礼는 '감사말씀'의 뜻으로 '소개해주신 데에 대한 감사말씀'에 해당된다.

- 時下: '요즈음'이라는 뜻인데 비즈니스문서의 인사말에서 주로 사용된다.

- ご紹介くださいまして: '소개하여 주셔서'에 해당된다.

- おかげをもちまして: おかげで(덕분에, 덕택에)보다 훨씬 정중도가 높은 표현으로 격식을 차린 비즈니스문서 등에서 사용된다. もちまして는 동사 もつ의 연용형인 もち에 정중함을 나타내는 조동사 ます의 연용형인 まし와 접속조사 て가 접속된 형태이다.

- ご注文いただきました: 注文에 존경의 접두어 ご를 접속시켰고 受ける(받다)의 겸양어동사인 いただく를 씀으로서 정중도를 매우 높였다.

- 末長く: '언제까지나 계속해서'의 뜻을 지닌 부사인데 다소격식을 차린 문체에서 변함없는 교류나 성원을 부탁할 때에 쓰인다.

- ご愛顧いただけますよう: 愛顧는 '성원'의 뜻이며 겸양어동사 いただく의 가능동사인 いただける를 썼는데 '성원을 받을 수 있도록'에 해당된다.

- お応えしたいと存じます: 応える(부응하다)의 겸양표현양식과 思う에 대한 겸양어동사인 存じる를 썼는데 '부응하고자 합니다'에 해당된다.

▶방문지에 대한 감사

第234号

2011年11月1日

住友商事株式会社

営業部長 田中太郎 様

JR九州商事株式会社

販売課長 山田次郎

先日は、ご訪問させて頂きまして有難うございました。

拝啓 時下ますますご発展のこととお慶び申し上げます。平素は格別のお引立てを賜り、厚くお礼申し上げます。

さて、このたびの貴社訪問に際しましては、ご多忙中にもかかわらず貴重なお時間をおさきいただき、まことにありがとうございました。

これをご縁に、何かございましたらまた参上いたしたいと存じますので、その節は、何とぞよろしくお願い申し上げます。

まずは、とりあえず書中をもってお礼申し上げます。

敬具

문서해설

- 先日: '일전에'라는 뜻인데 비교적 격식을 차린 비즈니스문서 등에서 사용된다.

- ご訪問させていただきまして: 訪問するの 미연형인 訪問さ가 겸양표현양식인 ご＋동사미연형＋せていただく에 적용된 형태로 비교적 정중하기는 하지만 어디까지나 자신의 입장에서 의지를 나타내는 데에 쓰인다. '방문하게 해주셔서'정도에 해당된다.

- ～に際しましては: ～に際して에 비하여 보다 정중한 표현으로 '～에 즈음해서는'에 해당된다.

- ご多忙中にもかかわらず: 多忙中에 존경의 접두어 ご를 접속시켜 정중도를 높였으며 ～にもかかわらず는 '～에도 불구하고'의 뜻을 지닌 어구이다. '바쁘신 가운데도 불구하고'에 해당된다.

- お時間をおさきいただき: 時間에 정중함을 나타내는 접두어 お를 접속시켰으며 동사 割く(시간을 내다, 할애하다)가 겸양표현양식인 お＋동사연용형＋いただく에 적용된 형태가 중지법으로 쓰인 것으로 '시간을 내주셔서'에 해당된다.

- これをご縁に: ご縁은 '인연'을 품위 있게 나타낸 말로 '이것을 인연으로'에 해당된다.

- 何かございましたら: ありましたら에 비하여 보다 정중한 ございましたら를 썼는데 '무슨 일인가 있으시면'정도에 해당된다.

- 参上いたしたいと: 参上する는 行く에 대한 겸양어동사인데 여기에다가 する에 대한 겸양어동사인 いたす를 써서 매우 정중도를 높였다. '찾아뵙고자'에 해당된다.

- その節は: 節는 '때'를 나타내는 말로 격식을 차린 비즈니스문서 등에서 사용된다. '그 때는'에 해당된다.

▸ 공장견학에 대한 감사

第234号

2011年11月1日

住友商事株式会社

営業部長 田中太郎 様

JR九州商事株式会社

販売課長 山田次郎

御社工場をご案内頂きありがとうございました。

拝啓 時下ますますご清祥のこととお慶び申し上げます。

さて、先日はご多忙中にもかかわらず、御社工場をご案内いただき、まことにありがとうございました。

○○の組立て工程の見学は、これからの業務のうえで非常に有意義であったと、一同ひとしく感想を述べておりました。

今後とも、何かとご教示をお願いするかと存じますが、その節にはよろしくご指導くださいますようお願い申し上げます。

なお、その折工場を案内していただきました○○様によろしくお伝えください。

まずは、略儀ながら書中をもってお礼申し上げます。

敬具

문서해설

▶ 御社工場: 御社는 상대회사를 존경하여 지칭하는 말로 '귀사의 공장'에 해당된다.

▶ ご案内いただき: 案内가 겸양표현양식인 ご＋한자어＋いただく에 적용된 것이 중지법으로 쓰인 것으로 '안내하여 주셔서'에 해당된다.

▶ これからの業務のうえで: ～のうえでは '～상에서, ～(하는)과정에서'의 뜻을 나타내어 '이제부터의 업무를 추진하는 과정에서'정도에 해당된다.

▶ 一同ひとしく: ひとしく는 형용사 等しい(한결같다)의 연용형으로 비교적 격식을 차린 비즈니스문서 등에서 사용된다. '일동 한결같이'에 해당된다.

▶ 何かとご教示を: 何かと는 '여러 가지로'의 뜻을 지닌 부사이며 ご教示는 '가르침'을 존경하여 나타낸 말이다. '여러 가지로 가르침을'에 해당된다.

▶ お願いするかと存じますが: お願いするか의 형태로 무언가 부탁드릴 일이 발생할 수도 있음을 나타내며 存じます는 思います에 대한 겸양어 동사이다. '부탁드릴 것으로 생각합니다만'정도에 해당된다.

▶ ご指導くださいますよう: 指導가 존경의뢰표현양식인 ご＋한자어＋くださいますよう에 적용된 것으로 '지도하여 주시기를'에 해당된다.

▶ その折: 折는 '때'를 정중하게 나타내는 말로 '그 때'에 해당된다.

▶ 案内していただきました: 案内する가 겸양표현양식인 동사연용형＋ていただく에 적용된 것이 뒤에 오는 명사를 수식함으로서 매우 정중도가 높아진 표현이다. '안내하여 주신'에 해당된다.

▶발주품 취소

第234号

2011年11月1日

住友商事株式会社

販売部長 田中太郎 様

JR九州商事株式会社

購買課長 山田次郎

発注品取消しのお願い

拝啓 貴社ますますご繁栄のこととお慶び申し上げます。平素は種々ご協力をいただきありがとうございます。

さて、○月○日付で貴社に発注いたしました商品につきましては、まことに恐縮ですが、注文を取り消させていただきたく、お願い申しあげます。

実は、納入を予定しておりました取引先の会社が、経営不振で倒産いたしまして、商品が不要となった次第でございます。

ご迷惑をおかけして申しわけありませんが、何とぞよろしくご配慮のほどお願い申し上げます。

以上、取り急ぎおわびかたがた注文取消しのお願いまで。

敬具

문서해설

▸ 種々ご協力をいただき:: 種々는 '여러 가지로'의 뜻을 지닌 부사로 비교적 격식을 차린 비즈니스문서 등에서 사용된다. ご協力いただき는 중지법으로 쓰인 것인데 이것 역시 격식을 차린 문체에서 사용된다. '여러 가지로 협력해 주셔서'에 해당된다.

▸ 発注いたしました: 発注する에서 する의 겸양어동사인 いたす를 씀으로서 정중도를 높였는데 이러한 형태로 뒤에 오는 명사를 수식하고 있다. '발주한'에 해당된다.

▸ 商品につきましては: ~については보다 정중한 형태를 취하고 있는바, '상품에 관해서는'에 해당된다.

▸ まことに恐縮ですが: まことに는 本当に보다 품위 있는 어감으로 격식을 차린 비즈니스문서 등에서 쓰이고 恐縮です는 송구스러움을 매우 정중하게 나타낸 표현이다. '실로 송구스럽습니다만'에 해당된다.

▸ 取り消させていただきたく: 동사 取り消す(취소하다)의 미연형인 取り消さ가 겸양표현양식인 ~せていただく에 적용된 다음 희망의 조동사 たい의 연용형인 たく가 접속된 형태이다. 얼핏 보기에는 매우 정중한 표현 같으나 실제로는 자신의 일방적인 의지를 나타내는 표현이기도 하다. '취소하고자' 정도에 해당된다.

▸ 予定しておりました: 보조동사 ~ている보다 정중한 ~ておる를 쓰고서 이것을 다시 뒤에 오는 명사에 접속시킴으로서 매우 정중도가 높아졌다. '예정하고 있던'에 해당된다.

▸ 不要となった次第でございます: 不要는 '불필요함'을 나타내고 次第는 '바'에 해당되는 말로 '불필요하게 된 바입니다'에 해당된다.

▸ ご配慮のほど: ~のほど는 '~(하)여 주실 것을' 정도의 뜻을 나타내어 '배려하여 주실 것을'에 해당된다.

▶납품 독촉

第234号
2011年11月1日

住友商事株式会社
営業部長 田中太郎 様

JR九州商事株式会社
購買課長 山田次郎

納品のご確認をさせて頂きます。

謹啓 貴社いよいよご発展のこととお慶び申し上げます。

さて、○月○日付で発注いたしました下記○○は、○月○日までに納品のお約束でございましたが、いまだに届いておりません。

今まで信用第一をモットーに商売を続けてまいりました私どもとしては、ご注文いただきましたお客様に対して申しわけがなく、困惑しております。

つきましては、何かの手違いかとは存じますが、早急にご手配くださいますようお願い申し上げます。

なお、本状と行き違いにて着荷した場合には、何とぞご容赦くださいますようお願い申し上げます。

まずは、取り急ぎお願いまで。

敬具

記

1　注文番号　　No.99999999
2　品目、数量　　ＡＢＣＤＥＦ　３台

以上

문서해설

- ご確認させていただきます: 겸양표현양식인 ご確認する의 미연형인 ご確認さ에 다시 겸양표현양식인 ～せていただく를 적용한 것으로 일견 매우 정중한 것 같지만 실제로는 말하는 사람의 일방적인 의사를 나타내는 표현이다. '확인 하겠습니다'정도에 해당된다.

- 続けてまいりました私どもとしては: まいりました는 来た에 대한 정중어이고 私ども는 '저희들'의 뜻이며 ～としては는 입장을 나타낸다. '계속해 온 저희들로서는'에 해당된다.

- ご注文いただきましたお客様: 注文을 겸양표현양식인 ご＋한자어＋いただく에 적용한 다음, 다시 뒤에 오는 명사를 정중하게 수식하는 형태로서 '주문을 해주신 손님'에 해당된다.

- 困惑しております: 困惑する는 '매우 곤란하다'의 뜻인데 이것을 다시 보조동사 ～ております에 접속시킴으로서 정중도가 높아진 형태이다. '매우 곤란한 상태입니다'정도에 해당된다.

- 何かの手違いかとは存じますが: 何かの는 '무언가의'의 뜻이며 手違い는 '착오'의 뜻으로 '무언가 착오일 것으로는 생각합니다만'에 해당된다.

- 早急にご手配くださいますよう: 早急に는 '조속히'라는 뜻의 부사이고 手配는 '조치'의 뜻이다. '조속히 조치해 주시도록'에 해당된다.

- 本状と行き違いにて着荷した場合: 行き違い는 '엇갈림'을 나타내는 말인데 여기에 문장체에서 주로 쓰이는 조사 ～にて가 쓰였다. '본장과 엇갈리게 물건이 도착한 경우'에 해당된다.

- ご容赦くださいますよう: 容赦가 존경의뢰양식인 ご＋한자어＋くださいますよう에 적용된 것으로 '용서해주실 것을'에 해당된다.

▶ 지불 독촉

第234号

2011年11月1日

住友商事株式会社

購買部長 田中太郎 様

JR九州商事株式会社

販売課長 山田次郎

○○代金お支払いについて

拝啓 御社ますますご発展のことと存じます。

さて、○月○日付にてご請求申し上げました品代金、金○○万円也は、本日にいたってもご送金いただいておりません。

御社にも何かとご都合がございましょうが、弊社といたしましても事務処理のうえで支障を生じます。

つきましては、本状到着後○日間以内に金額のご送金をお願いいたしたいと存じます。

なお、本状と行き違いにご送金いただいておりました節には、悪しからずご容赦願います。

まずは、取り急ぎお願いまで。

敬具

문서해설

- ○月○日付にて: 付는 날짜를 나타내는 말에 접속하여 쓰이는 접미어이고 ~にて는 ~で에 비하여 문장체적인 말이다. '○월○일부로'에 해당된다.

- ご請求申し上げた品代金: 請求가 최고의 겸양표현양식인 ご+한자어+申し上げる에 적용된 것으로 '청구해 올린 물품대금'에 해당된다.

- 金○○万円也: 也는 딱딱한 어감의 문장체에서 단정의 뜻으로 쓰이는 조동사로 '금○○만엔정'에 해당된다.

- ご送金いただいておりません: 送金이 겸양표현양식인 ご+한자어+いただく에 적용된 다음 정중함을 나타내는 보조동사 ~ておる에 접속된 형태로 '송금을 받고 있지 못합니다'에 해당된다.

- 何かとご都合がございましょうが: 何かと는 '여러 가지로'의 뜻이며 ご都合는 상대의 사정을 높여서 나타낸 말이다. 또한 ございましょうが는 추측의 뜻을 나타내어 '여러 가지로 사정이 있으시겠습니다만'에 해당된다.

- 事務処理のうえで: ~のうえで는 '~상에서'의 뜻으로 '사무처리 상에서'에 해당된다.

- 支障を生じます: 동사 生じる는 '초래하다, 발생하다'의 뜻으로 '지장을 초래 합니다'에 해당된다.

- ご送金いただいておりました節には: 節는 '때'를 나타내는 말로 '송금을 해주셨을 때에는'에 해당된다.

- 悪しからずご容赦願います: 容赦가 겸양의뢰양식인 ご+한자어+願う에 적용된 것으로 '널리 용서바랍니다'에 해당된다.

매너 편

새삼 강조할 필요도 없이 올바르고 아름다운 말씨를 사용하는 것은 참된 인간관계를 구축하고 유지해 나가는 과정에서 필수적으로 요구되는 사항이다. 하지만, 이와 같은 말씨는 인간 행동의 일부분을 차지하는 것에 불과하며, 실제로는 정중하고 세련되며 예의바른 행동과 어울려서 진정한 사회인으로써의 면모를 나타낼 수 있을 것이다. 다시 말해서 말씨와 행동은 수레의 앞바퀴와 뒷바퀴 같은 역할을 하는 것이어서 이 두 가지가 조화를 이루어야만 엄연한 사회인으로써의 역할수행이 가능하게 되는 것이다. 본 장에서는 전화 걸고 받는 것을 비롯하여 대화시의 주의하여야 할 점, 그리고 손님을 안내하고 메모를 작성하는 등의 각종 행동요령에 대하여 심도 있게 살펴나가기로 한다.

(1) 전화상의 예의범절

전화라는 것은 어차피 상대방이 보이지 않는 상태에서 대화를 나누어야 하며, 이 과정에서 오로지 의지할 수 있는 것은 음성뿐이다. 서로 얼굴을 마주 보면서 대화를 나눌 때야 표정도 있고 몸동작도 있어서, 서로 간에 반응을 확인하면서 대화를 진전시켜 나갈 수가 있지만, 전화는 그러하지 못하다. 특히, 요즈음처럼 비즈니스를 진행시켜 나가는 과정에서 전화가 수행하는 역할이 극대화되어 있는 시점에서는 전화를 걸고 받는 것에 더욱더 세심한 주의와 배려를 하여야 할 것이다. 이러한 관점에서 볼 때, 전화상에서는 음성으로 자신의 예의와 인격을 최대한 표출하여야 하는 만큼, 평소 그에 대한 연습과 훈련을 쌓아두는 것이 바람직하다. 본 절에서는 전화를 걸고, 받는 과정에서 주의하여야 할 점에 대하여 생각해 보기로 한다.

1) 전화 거는 법

전화 걸기에 있어서의 대략적인 요령을 순서화하면 다음과 같다.

① 먼저 상대방을 확인한다.

흔히 전화를 걸자마자 자기가 원하던 상대방이라는 전제 하에 바로 말을 꺼내는 사람이 있는데, 이는 매우 경솔한 행동이다. 전화는 얼마든지 잘못 연결될 수 있는 것이며 설사 제대로 연결되었다 해도 원하는 사람이 아닌 다른 사람이 받을 수도 있는 것이다. 여러분은 상대방을 확인하지 않음으로서「어디로 거셨습니까?」또는「누구를 찾으십니까?」와 같은 말을 듣게 되는 민망한 경우에 처해진 경우는 없는가? 다시 말하건 데, 전화상에서는 그 어떤 경우에건 항상 제대로 연결되고 또 항상 자기가 원하는 상대방이 전화를 받으리라는 보장은 없는 것이다. 따라서 전화를 걸게 되면 먼저 상대방을 제대로 확인하는 습관을 평소에 체득하여 두는 것이 바람직할 것이다.

② 다음으로 자신의 신분을 밝힌다.

줄곧 교류해 오던 상대방이면 모를까, 별로 잘 알지 못하거나 처음으로 전화하였음에도 불구하고 무심결에 자신의 신분을 밝히지 않고 용건부터 꺼내는 바람에 상대방으로부터 신분 확인을 요구받고 겸연쩍은 표정을 지은 경험은 없는가? 이를 방지하기 위해서라도 항상 전화를 건 쪽에서는 상대방에게 무엇보다도 먼저 자신의 신분을 정중하게 밝히는 습관이 몸에 베이도록 하여야 한다. 또한, 이렇게 함으로서 자신이 찾는 사람에게의 전화연결도 보다 용이하게 진행될 것이다. 한편, 전화를 걸어 자신의 신분을 먼저 밝혔음에도 불구하고 전화를 받은 사람의 응대가 단지「예」한마디로 그치는 것도 논외이다. 이렇게 되면 전화를 건 사람의 인사를 앉아서 받기만 하는 꼴이 되기 십상이어서,「예」다음에는 간단하나마 자신의 신분을 밝히거나「안녕하십니까?」정도의 인사를 곁들이는 것이 예의이다.

③ **신분을 밝힌 다음에는 상대방에게 인사를 한다.**

세상사 모든 것이 그러하듯이 사람과 사람간의 접촉은 먼저 인사로부터 시작되어야 한다. 왜냐하면, 인사야말로 그 주어진 장면에서 상대방과의 인간적인 접촉에 있어서 출발점이 되기 때문인 것이다. 새삼 말할 것도 없이 인사는 원활한 인간관계의 윤활유와도 같은 존재인 것이다. 물론, 인사라고 해서 다 인사는 아니다. 마음이 담긴 인사, 겸손 되며 정중한 인사는 상대방에게 잔잔한 감동을 안겨 줄 수가 있는 것이다. 이는 얼굴을 마주 볼 때는 표정과 태도로 표현이 되지만, 전화상에서는 음성으로 충분히 표현된다. 부드럽고 정중하며 성의가 담긴 인사로 시작되는 대화는 그 결말도 정중하게 매듭지어질 수 있다.

따라서 전화를 건 사람은 먼저 상대방에게 정중하게 인사하는 것이 예의임을 주지하고 있어야 할 것이다.

④ 전화 건 용건을 말한다.

개인 간의 안부를 묻는 정도의 전화라면 모를까, 업무상의 전화에서는 전화를 건 용건의 주제나 결론부터 짧게 말한 다음 본격적인 용건으로 들어가는 게 좋다. 자칫 처음부터 장황하게 과정만을 나열하는 바람에 상대방으로 하여금 초조하게 만들거나 주제나 흐름을 놓치게 하는 경우가 있는 바, 이를 방지하기 위해서라도 가능한 한 주제나 결론부터 짧게 먼저 말하여 둠으로써 시종일관 상대방이 문맥의 흐름을 용이하게 파악할 수 있게 하는 것이 좋다.

⑤ 용건의 요점을 복창 확인한다.

용건에는 반드시 그 핵심내용이 되는 사항이 있게 마련이지만, 경우에 따라서는 용건의 발생배경이나 주변상황 및 과정에 대한 설명, 그리고 자신이나 상대방의 사정 등에 대한 파악 등으로 인하여 자칫 가장 중요한 요점이 흐려질 수 있다. 따라서 용건에 대한 대화가 종료되면, 전화를 받은 사람은 반드시 대화내용의 요점을 상대방에게 복창 확인함으로써 서로간의 이해부족이나 오해가 초래되지 않도록 할 필요가 있다. 물론, 이러한 과정을 통하여 내용의 이해부족과 착각 같은 것도 얼마든지 수정될 수 있는 이점도 또한 있는 것이다.

⑥ 인사를 하고 끊는다.

용건설명과 요점확인이 끝나면 전화를 끊게 되는데, 반드시 끊기 전에 인사를 한다. 인사야말로 다음으로 이어질 상대방과의 인간적인 연결고리가 되기 때문이며, 이 경우, 다시 상대방과 통화할 일이 있고 없고는 관계없는 일이다. 전화를 끊기 전의 인사는 자신에게 있어서 인격의 구현이기도 한 것이다. 아울러, 끊기 전에 인사를 하게 됨으로서 상호간에 용건이 끝났음을 확인하는 방편도 되는 것이다. 흔히 아직 할 말이 더 있거나, 끊을 시점에 뭔가가 생각났으나 상대방이 전화를 끊는 바람에 불발로 그치곤 하는 것도 맺음의 인사가 결여되어 있는 탓으로 보아야 하지 않을까 한다.

이상의 설명을 바탕으로, 일본의 경우를 예로 들어 전화가 연결된 다음의 대응에 관하여 알아보고자 한다. 다음은 ＪＲ九州商事의 手嶋(てしま)씨가 三菱(みつびし)工業購買課의 柴田(しばた)씨에게 전화를 건 예이다.

예 「ＪＲ九州商事の手嶋(てしま)と申しますが、三菱(みつびし)工業さんでございますか、恐れ入りますが、購買課の柴田(しばた)さんをお願いします。柴田(しばた)さんでございますか。いつもお世話になっております」

위에서 볼 수 있듯이, 전화 건 사람이 먼저 자신의 신분을 밝히고 이어서 상대방을 확인한다. 물론, 상대방을 확인한 다음 자신의 신분을 밝혀도 상관없지만, 중요한 것은 항상 전화 건

사람이 먼저 자신의 신분을 밝혀야 한다는 점이다. 다음으로, 원하는 사람을 부탁하게 되는데, 이 경우도 「恐(おそ)れ入りますが」라는 인사를 덧붙이는 것이 좋다. 마지막으로 원하는 상대방이 나오게 되면 역시 인사를 하여야 하는데, 보통 이 경우에는 「いつもお世話になっております」라는 인사를 습관적으로 하는 것이 좋다. 「나는 이 회사나 이 사람에게 신세진 적이 없는데......?」 하는 식의 논리는 버리는 것이 좋다. 왜냐하면 일본의 비즈니스계에서는 이런 식의 인사가 널리 통용되고 있기 때문이며, 이로 인하여 원활한 전화상의 대화가 이루어질 수 있는 것이다. 물론, 이 점에서는 한국인의 정서와 맞지 않지만, 일본인에게 전화했을 때는 습관처럼 이러한 인사말을 쓰는 것이 좋다. 아무래도 격식 면에서는 한국보다 일본 쪽이 더욱 중시되는 경향이 있는 듯하다. 따라서 평소 위의 문례를 잘 체득해 놓으면, 일본 쪽에 전화 걸 경우, 보다 세련되고 예의바른 전화를 걸 수가 있을 것이다.

2) 전화 받는 법

전화 받기에 있어서의 대략적인 요령을 순서화 하면 다음과 같다.

① 벨이 울리기 시작하면 두 번 이상 울리지 않게 한다.

일반가정집이라면 몰라도, 회사의 경우 규율과 체계가 매우 중요시된다. 종종 연속적으로 벨이 울리는데도 금방 받지 않는 경우가 있는데 이는 매우 잘못된 것이다. 왜냐하면 여러 번 벨이 울리도록 상대방이 안 나오게 되면, 전화 건 상대방을 초조하게 할 것이고, 결국 근무환경이나 태도가 느슨한 것으로 오해받을 수 있기 때문이다. 따라서 벨은 가능하면 두 번 이상 울리지 않는 범위에서 받는 것이 매우 바람직하다. 이렇게 되면, 항상 철저한 근무 자세를 견지하고 있음을 보여 줄 수가 있을 뿐더러 상대방에게도 매우 경쾌한 인상을 줄 수가 있을 것이다. 그렇다고 해서, 벨소리가 단 한 번도 채 울리기 전에 전화를 받는 것도 다소 성급한 느낌을 준다. 이렇게 되면 상대방을 다소 어리둥절하게 만들 우려도 있을 것이다. 역시, 벨은 한번 울리고 나서나 두 번째 벨이 다 울리기 전에 받는 것이 가장 좋을 것이다. 이 경우, 자기 책상 위의 전화가 아니더라도 상관없다. 옆 동료 책상에 동료가 없을 때도 마찬가지로 신속하게 받는 것이 세련되고 매너 있는 직장인의 태도인 것이다. 뿐만 아니라, 설사 옆 동료가 자리에 있더라도 그 동료가 전화를 받기 곤란한 상황에 있을 때는 대신해서 전화를 받아 주는 것이 동료로서의 예의이며 전화 건 사람에 대해서도 예의인 것이다.

② 자신의 신분을 밝힌다.

전화 건 사람의 입장에서 전화 받은 사람이 누구인지 모르는 것은 매우 당연한 일이다. 따라서 받은 사람은 마땅히 자신의 소속과 신분을 밝혀야 한다. 종종, 「예」 또는 「여보세요」하는 식으로 전화를 받는 사람이 있는데 한마디로 비즈니스계에서는 실격이다. 결코 비즈니스계에서 전화를 받음에 있어서 「예」

또는「여보세요」는 없는 셈이다.「여보세요」는 어디까지나 상대방을 부를 때 쓰이는 말이기 때문이다. 경쾌한 목소리로 자신의 소속과 신분을 밝히는 회사와,「예」 또는「여보세요」하는 식으로 전화를 받는 회사의 인상에 있어서 엄청난 차이가 있음은 물론이다. 아울러, 말할 것도 없이 전화를 받는 목소리는 최대한 경쾌하고 활기찬 것이어야 한다. 벨이 울리면, 받기 전에 한번 가볍게 호흡을 한 다음, 경쾌한 목소리로「예, 00과 00입니다」하는 식으로 받도록 한다.

③ 인사를 한다.

전화를 건 쪽이나 받은 쪽이나 상호간에 인사를 하는 것은 당연한 인간 도리이며, 전화를 걸어온 상대방에 맞추어 적절한 인사를 하는 것 또한 매우 중요한 일이다. 가끔, 전화를 걸어 이쪽의 신분을 밝혔는데도「예」라는 한마디로만 응대하는 것을 들을 수 있다. 이렇게 되면 마치 전화 받은 사람이 전화 건 사람으로부터 인사를 받는 것 같은 인상이 주어질 수 있을 뿐만 아니라 매우 사무적인 딱딱함도 줄 수 있으므로 주의하여야 한다. 그렇다고는 하나, 실제의 상황에서 전화를 걸거나 받을 때에 일일이 인사하기도 결코 만만치 않은 일일 것이다. 이러한 때는 보다 정중하고 부드러운 목소리로 인사를 대체한다. 인사라는 것은 꼭 언어로 표현되어야 하는 것만은 결코 아니어서, 때로는 보다 성의와 정중함이 담겨져 있는 목소리로도 얼마든지 대체될 수가 있는 것이다. 종종, 아주 정중한 말투로 전화를 걸고는 있지만, 왠지 목소리가 지극히 사무적이고 기계적이라는 느낌이 들 때는 그다지 감흥을 못 느끼게 될 때가 많다. 역시, 무엇보다도 목소리에는 친절하고 성의 있는 마음이 가득 담겨있음으로서 비로소 상대방에게 감동적으로 전달될 수 있는 것이 아닐까 한다.

④ **용건을 듣는다.**

진정으로 언변이 능한 사람은 상대방의 말을 잘 들어주는 사람일 것이다. 전화를 걸어온 사람의 용건을 듣는 과정에서 상대방의 말을 가로채거나 오히려 주도권을 빼앗아버리는 경우를 종종 볼 수 있는데, 이는 결코 바람직한 태도가 못된다. 자칫하면 상대방의 흐름을 방해할 수 있기 때문이다. 그렇다고 해서 전화를 걸어온 사람이 말하는 동안 아무 응대도 없이 듣고만 있는 것 역시 세련된 태도는 아니다. 전화상에서는 상대방이 보이지 않으므로 적당한 간격으로 맞장구를 치거나 중간 중간의 확인을 하는 것이 바람직하다. 이러한 일련의 행위는 상대방의 말을 잘 듣고 있음을 표현하는 방편이 될 뿐만 아니라 이야기흐름의 촉매제와 같은 역할도 되기 때문이다. 물론, 용건이 끝난 다음에는 오고간 내용에 대한 최종확인을 하는 것도 잊지 말아야 할 중요한 사항이다.

⑤ **정중하게 끊는다.**

전화를 끊는 과정에서 중요한 것은 전화 건 상대방이 먼저 끊도록 하는 것이다. 종종 받은 사람이 먼저 끊음으로써 미쳐 생각해내지 못한 내용이나 추가할 내용을 전달하지 못하는 경우가 있을 수 있다. 아울러, 전화 건 상대방이 상위자일 경우에는 두말할 것도 없이 상대방이 끊은 다음에 끊도록 하여야 하며, 수화기는 부드럽게 놓도록 한다. 날카롭게 수화기를 놓는 소리가 사무실의 소음이 될 것은 분명하기 때문이다.

한편, 여담이기는 하지만, 어떤 용건이 있어서 윗분에게 휴대폰상의 문자를 보내고서 그에 대한 윗분의 답을 받았을 때, 가능하면 그에 대하여 다시 한 번 감사나 대응에 관한 자신의 생각을 문자로 보내는 것이 바람직할 것이다. 생각하기에 따라서는 자신이 윗분에게 문자를 보내고 그에 대한 윗분의 답을 받았으니 그것으로 되었다고 생각할 수도 있으나, 결코 자신과 동격이 아닌 윗분이므로 가능하면 다시 한 번 문자를 보내는 것도 하나의 센스요 매너가 아닐까 생각된다.

3) 전화를 연결할 때의 주의할 사항

전화를 걸거나 걸려왔을 때, 상대방이 원하는 사람이 부재중인 경우는 흔히 있는 일이다. 이 경우, 그저 부재중임을 알리는 것으로 끝내버리면 결코 상대방에게 호감을 주는 전화응대가 될 수 없다. 보다 친절하고 보다 적극적인 자세, 그리고 언제나 상대방을 배려하는 태도를 보임으로써 훌륭한 회사의 이미지, 그리고 친절하고 세련된 회사원의 이미지를 구현할 수가 있을 것이다. 또한, 전화를 건 입장에서도 찾는 사람이 부재중일 때는 메모전달을 부탁하거나 나중에 전화 걸어 줄 것을 부탁하게 되는 경우가 있다. 여기에서는 상대방이 찾는 사람이 부재중일 때의 응대에 대하여 살펴보기로 하며, 아울러, 찾는 사람이 자리에 있을 경우의 전화연결에 대해서도 살펴보기로 한다.

① 전화를 받은 쪽의 태도

A. 상대방에게 전달할 사항이 있는가를 조심스럽게 묻고, 아울러 그 내용을 자신이 들어도 되는가를 확인한다. 요컨대, 비록 상대방이 찾는 사람은 부재중이지만, 자신이 최대한 상대방에게 도움이 될 의지가 있음을 적극적으로 표현한다.

B. 만약 상대방이 전화 받은 자신에게 용건전달을 머뭇거릴 경우, 본인이 돌아오는 대로 이쪽에서 나중에 전화를 걸도록 할 의사가 있음을 적극적으로 전달한다. 이 경우에 만약, 상대방이 다시 한 번 나중에 전화 걸 의사가 있음이 확인되면, 대강의 시간을 정해준다.

C. 전화상으로 「잠시 기다리십시오」는 길어봤자 30초에서 1분 이내라고 생각하여야 한다. 간혹, 방금 자리에 있던 사람이 안보일 경우, 그 사람을 찾기 위하여 전화 건 사람을 마냥 기다리게 하는 경우가 있는데, 이는 대단한 실례가 된다. 두말 할 것도 없이 상대방이 전혀 안 보이는 상태에서 수화기를 들고 기다리는 시간은 매우 지루하며 초조하기 마련인 것이다. 그러한 경우에는 전화 건 사람에게 사정을 미리 설명해 둠으로써 양해를 구하는 것이 좋다. 어쨌든, 전화상으로는 상대방을 오래 기다리지 않게 배려하는 자세를 몸에 익혀두는 것이 매우 좋을 것이다.

② 전화를 건 쪽의 태도

A. 찾는 사람이 부재중임을 알게 되어, 용건전달을 부탁했을 때는 반드시 전달을 부탁 받은 상대방의 이름을 확인해 둔다. 아울러 전화를 건 시간도 메모함으로써 나중에 착오를 방지할 수 있다. 특히 중요한 내용일수록 이러한 자세를 견지하여야 할 것이다.

B. 만약 용건의 내용이 타인에게 노출될 수 없는 성격의 것이거나 전달이 용이하지 않을 경우에는 자신의 전화번호, 이름, 그리고 전화 받기를 원하는 시간을 알려서 나중에 전화 걸어 주기를 정중하게 부탁한다.

③ 대리로 전화를 걸어 연결할 때의 우선순서

A. 상사의 부탁을 받아 외부로 전화를 연결할 때는 자신의 상사와 외부상대방과의 위상을 고려한다. 즉, 자신의 상사보다 외부상대방이 동격이거나 상위에 있다고 판단될 때는 상대방이 전화에 연결되기 전에 먼저 상사가 수화기를 들고 대기하도록 한다.

B. 상사의 부탁을 받아 사내로 전화를 연결할 때도 자신의 상사와 상대방과의 위상을 고려한다. 즉, 자신의 상사보다 상대방이 하위에 있을 때는 하위의 상대방을 대기시킨 다음에 상사에게 전화를 연결한다. 반대로, 상대방이 자신의 상사보다 상위에 있을 때는 물론, 자신의 상사를 먼저 대기시킨다.

4) 그 밖의 주의할 사항

① 전화상의 표현은 항상 정중함을 유지하도록 한다. 전화상으로는 항상 상대방의 목소리에만 모든 것을 의지하게 마련이므로 얼굴을 맞대고 나누는 대화의 경우보다는 다소 신경이 민감하기 마련이다. 당연히 조금만 표현이 정중하지 못해도 상대방은 당황하거나 불쾌한 생각을 하게 될 수도 있으므로 항상 표현은 정중하게 하도록 한다.

② 전화상으로 상대방을 다소나마 기다리게 하였을 경우에는 반드시 「오래 기다리셨습니다」「기다리게 해서 죄송합니다」등의 사과를 하는 것이 예의이다. 업무를 처리하는 과정에서는 언제나 전화 앞에서 대기하고 있는 것은 아니며, 얼마든지 다른 일을 하던 중이거나 다른 부서에 잠시 갔다가 전화를 받을 수도 있는 것이다. 중요한 것은 그에 알맞은 사과표현을 얼마나 익숙하게 잘 할 수 있느냐 하는 것이다.

③ 전화를 잘못 걸었을 때는 즉시 사과를 하고 끊으며, 잘못 걸려온 전화에 대해서도 친절하게 응대를 한다. 누구나 경험했듯이 일상생활에서 잘못 전화를 걸거나 걸려오는 경우는 얼마든지 있을 수 있다. 이러한 때, 잘못 건 쪽에서는 「죄송합니다, 잘못 걸었습니다」, 그리고 잘못 걸려온 쪽에서는 「여기는 00인데, 잘못 거신 것 같습니다」라고 한마디만 하면 되는 것이다.

④ 길게 통화를 하지 않도록 한다. 친지 등과 길게 통화함으

로서 얼마든지 스트레스해소가 되는 경우도 있을 것이다. 하지만, 회사의 전화는 결코 스트레스해소를 위하여 존재하는 것이 아니다. 회사의 전화는 다양한 곳에서 걸려올 수도 있으며, 때로는 매우 분초를 다투는 시급한 전화도 걸려 올 수 있으므로 항상 공적인 용건만을 위한 전화사용이 되도록 주의하여야 한다.

⑤ 사원의 행선지는 구체적으로 알리지 않는 것이 좋다. 전화를 걸어온 상대방이, 부재중인 당사자의 행선지를 물을 때가 있는데, 이럴 때는 그냥 외출 중이라고만 말해두는 것이 좋다. 왜냐하면, 전화 건 상대방 중에는 라이벌회사의 직원도 있을 수 있기 때문이다. 역시, 사원의 행선지도 일종의 기업비밀이라는 인식 하에서 발설하지 않을 필요가 있다. 특히, 개인적인 일로 외출 중이라면 더더욱 구체적인 행선지를 밝히지 않는 것이 좋을 것이다.

⑥ 걸려온 전화를 여기저기 돌리지 않도록 한다. 자기담당이 아니라고 해서 불성실하게 다른 부서로 함부로 돌려서는 안 된다. 자칫하면 몇 번이고 회사 내를 전전하게 될 우려도 있으므로 일단, 정확한 부서를 확인한 다음 걸려온 전화를 연결하도록 하여야 한다. 아울러, 전화를 건 상대방이 같은 말을 되풀이하지 않아도 되도록, 해당 부서로 연결한 다음에는 담당자에게 대강의 내용을 설명해 놓는 배려도 중요하다.

⑦ 전화 건 상대방으로부터 메모를 부탁 받았을 때는 모든 내용을 빠짐없이 기록한 다음, 최종적으로 그 내용에 착

오나 누락이 없는지를 확인하기 위하여 복창을 하는 것이 좋다. 이러한 복창을 통하여 전화 건 사람도 한층 신뢰감을 가질 수 있는 것이며, 이러한 사원이 비로소 회사의 품격을 한층 높이게 되는 것이다. 또한 내친김에 말미에 메모를 접수한 자신의 이름마저 밝히게 되면 그 신뢰감은 극도에 달하게 될 것이다.

⑧ 용무가 끝나고 수화기를 제자리에 놓을 때는 조용히 놓도록 한다. 가끔 수화기를 난폭하게 놓음으로서 신경을 거슬리게 하는 소음을 내는 사람이 있다. 회사는 결코 혼자만의 공간이 아님을 명심하여 수화기를 놓을 때는 조용히, 살짝 놓도록 습관화하는 것이 좋다.

이상, 전화상의 여러 가지 주의하여야 할 사항과 예절에 대하여 살펴보았다. 전화라는 것은 앞서 지적한 바와 같이, 상대방을 전혀 볼 수 없는 상태에서 대화를 나누는 것인 만큼 항상 그 응대에 있어서 신중을 기하여야 한다. 특히, 회사에 근무하는 사람의 경우에는 외부전화에 대한 본인의 응대가 곧 회사전체의 이미지와 직결될 수 있다는 생각에서 항상 친절하고 명쾌하게 응대를 하도록 노력하여야 할 것이다.

(2) 예의바른 태도

1) 올바른 대화의 태도

① 맞장구를 치는 요령

상대방과의 대화를 원만하게 진행해 나가는 과정에서 맞장구는 매우 중요한 역할을 한다. 맞장구는 우선 상대방의 이야기에 관심을 표하는 표시가 된다. 그 누구나 듣고 있는 상대방이 열심히 자신의 이야기에 관심을 나타내 줄 때는 보다 유쾌한 기분으로 이야기에 열중할 수가 있게 된다. 자연히 이러한 듣는 태도는 이야기하고 있는 상대방의 호감을 사는데 적지 않은 기여를 할 수도 있을 것이다. 결국은 원만한 인간관계를 수립하고 유지하는 것으로 연결될 수도 있다. 만약, 자신이 뭔가를 이야기하고자 하거나, 이야기하는 과정에서 상대방이 맞장구도 별로 치지 않고 무표정한 자세로 일관하게 되면 금방 발언의욕을 상실하고 말 것이다. 이렇게 되면 훈훈한 인간관계는 기대하기 매우 어려워질 수도 있을 것이다. 결국, 맞장구라는 것은 대화의 촉매제와도 같은 역할을 하게 되는 것이므로 평소 상대방의 이야기에 적극적으로 맞장구를 치는 습관을 몸에 익혀놓도록 할 필요가 있다. 맞장구의 요령을 몇 가지 나열하는 바, 이러한 요령은 이해관계가 전혀 배제된 상황에서의 맞장구를 전제로 한다.

첫째, 상대방의 이야기에 구두표현을 통하여 적극적으로 동의를 나타낸다.

둘째, 상대방이 이을 말을 얼핏 생각해 내지 못하면 즉각 다음 말을 도와준다.

셋째, 가끔 상대방의 말을 그대로 따라 하기도 한다.

넷째, 상대방의 이야기가 방해되지 않는 범위에서 자신의 의견도 곁들인다.

다섯째, 필요한 경우에는 약간의 놀라움을 표시하기도 한다.

여섯째, 상대방의 이야기 도중에 적당히 의문을 표하거나 질문을 던지기도 한다.

일곱째, 상대방의 이야기를 들으며 적당히 고개를 끄떡이는 태도를 취한다.

여덟째, 이야기의 내용에 걸맞게 다양한 얼굴표정의 변화를 보인다.

② 능숙하게 이야기를 듣는 요령

진정으로 언변이 능한 사람은 장황하게 자신의 말만 늘어놓는 사람이 아니라, 상대방의 말을 잘 귀담아 들어주는 사람이다. 인간이란 원래 자신이 말을 하고 있는 동안에는 두뇌활동이 활발한 관계로 전혀 지루함을 느끼지 못하나, 막상 상대방의 말을 듣고 있는 동안에는 지루함을 느끼기도 한다. 따라서 대화의 과정에서는 항상 상대방의 말을 열심히 듣는 태도를 일관되게 견지함으로써 진정한 언변가가 될 수 있도록 노력하여야 한다. 능숙하게 상대방의 이야기를 듣는 요령을 나열하면 다음과 같다.

A. 일단 열심히 경청하는 습관을 지니도록 한다. 절대로 상대방이야기의 허리를 자르지 않는다. 보다 인내심을 갖고 상대방의 이야기를 들은 다음, 자신의 이야기를 하는 습관을 몸에 익힌다. 인간은 누구나 말을 하고 싶어 하는 욕구를 지니고 있다. 따라서 진지하게 상대방의 그러한 욕구를 충족시켜주는 것만이 진정한 언변가가 되는 길임을 명심하도록 한다.

B. 상대방의 이야기에 관심과 흥미를 가지도록 노력한다. 인간은 누구나 상대방으로부터 뭔가를 인정받고 싶어 하는 욕구를 지니고 있다. 그러한 욕구가 구두로 표현되고 있을 때, 보다 적극적으로 상대방에 대하여 관심과 흥미를 표명하도록 노력하여야 한다. 자신이 상대방을 인정하는 태도를 보일 때, 상대방 역시 자신을 인정하고자 할 것이며, 이 과정에서 자연히 대화는 매끄럽게 진전되어갈 것이고 상호간의 신뢰도 구축될 것이다.

C. 대답이나 맞장구는 아낌없이 부지런히 표현한다. 이 경우에는 어디까지나 상대의 이야기흐름을 방해하지 않는 범위에서 표현하여야 한다. 앞서 말한 상대방에 대한 관심과 흥미는 결국 맞장구라는 형식을 통하여 상대방에게 전달되는 것이다. 따라서 맞장구는 구두표현으로, 또는 표정으로, 그리고 몸동작으로 끊임없이 그리고 아낌없이 표현되도록 한다.

D. 별로 말수가 없는 사람의 경우에는 종종 흥미를 유발할 수 있는 질문을 던짐으로서 대화를 유도한다. 아무리 상대방

이 말수 적은 사람일지라도 뭔가 상대방의 흥미를 유도할 만한 화제만 던지면 자연히 그에 응하게 될 것이다. 어떠한 경우라도 자신의 말만 하지 말고 상대방에게도 부지런히 마이크를 돌리는 자세가 필요하다.

E. 자신을 포함하여 여러 명이 이야기를 듣는 과정에서 상대방이 주로 자신만을 쳐다보며 말할 때는 살짝 그 시선을 외면함으로써 이야기를 듣고 있는 다른 사람에게도 시선이 돌아가도록 배려한다. 종종, 여러 사람 앞에서 말할 때, 줄곧 한사람만을 쳐다보며 말하는 사람이 있는데, 이럴 때는 듣고 있는 다른 사람도 대화에 흥미를 가질 수 있도록 그 시선을 살짝 외면해 보는 것도 효과가 있을 것이다.

F. 상대방의 생각과 의견을 인정하도록 한다. 아무리 잘못된 생각일지라도 상대방에 있어서는 소중한 것이며 고유한 인격과 주관의 발로인 것이다. 따라서 자신의 생각과 맞지 않는다 해서 결코 흥분해가며 상대방의 생각과 의견을 수정하거나, 자신의 생각을 강요해서는 안된다. 자신의 생각과 의견을 인정받으려면 먼저 상대방의 생각과 의견을 인정해야만 할 것이다.

③ 상대방의 불평을 능숙하게 처리하는 요령

업무의 진행과정에서, 또는 서비스업무의 처리과정에서 종종 상사나 고객으로부터의 불평을 사는 일이 있다. 이러한 경우, 항변이나 변명일변도로 나아가기보다는 먼저 그 탐색과 원인의 분석 등을 곁들인 적극적인 태도를 보이는 것이 중요하다. 물론, 자신의 잘못이 명백할 경우에는 진지하게 반성하고 개선하고자 하는 의지를 보이는 것 또한 매우 중요할 것이다. 특히, 서비스업에 종사하고 있는 경우, 고객으로부터의 불만이 들어올 때는 먼저 고객의 불만내용을 잠시 들어보고 자신의 영역을 넘어선 문제일 때는 즉각 상사에게 연결하도록 한다. 자칫 실컷 고객의 불만을 들은 다음, 다시 상사에게 연결하게 될 경우에는 결국 고객으로서는 두 번에 걸쳐 같은 말을 반복하게 되며, 경우에 따라서는 문제가 커질 수도 있을 것이다. 따라서 불평을 능숙하게 처리함에 있어서는 다음의 요령으로 행한다.

A. 먼저 상대방의 불평을 진지하게 듣는다.
B. 불평이 나온 원인을 살펴본다.
C. 원인이 파악되면 그 대책을 강구한다.
D. 그 대책을 처리할 의지를 밝힌다.
E. 대책에 입각한 처리의 사후효과를 검토한다.
F. 보다 적극적인 자세로 이를 만회하기 위한 다음 대책을 수립한다.

한편, 보다 적극적인 자세로 불평을 처리함에 있어서 갖추어야 할 마음가짐과 자세를 살펴보면 다음과 같다.

A. 고객의 불평내용을 들었으나 자신의 담당이 아니라고 해서 따돌리지 않는다. 이러한 때, "저는 담당이 아닙니다"라고 일축한다든지 "담당을 바꿀 테니 직접 말씀하세요"

라는 식으로 말하는 것은 논외이다. 비록 자신의 담당은 아닐지라도 불만이나 흥분상태에 있는 고객의 입장을 생각하여 정중하게 응대를 하도록 한다. 따라서 "대단히 죄송합니다. 즉시 담당자를 바꾸도록 할 테니 잠시 기다려 주십시오" 하는 식으로 응대할 필요가 있다.

B. 고객의 불평을 들을 때는 결코 감정에 치우치지 않도록 주의하여야 한다. 고객이 뭔가를 불평할 때는 나름대로의 이유가 있을 것이며, 그 과정에서 자칫 감정적이 되거나 흥분하게 될 때가 있다. 이럴 때, 듣는 입장에서도 감정적이 된다면 일이 복잡하게 될뿐더러 회사의 이미지를 손상할 수도 있다. 일단은 최대한 냉정을 유지하면서 고객의 불평을 다 들은 다음, 그에 맞는 적절한 조치를 취하고자 하는 자세가 중요하다. 물론, 고객의 불평이 앞뒤 맞지 않는 경우도 있을 것이다. 그렇다고는 하나, '고객은 왕이다'라는 평범한 말을 떠올리면서 최대한 냉정하게 그리고 침착하게 대응하도록 한다.

④ 대화에서 화제로 삼지 말아야 할 주제

어느 자리이건 그 자리에 알맞은 주제를 선정하고, 상대방에 걸 맞는 주제를 선정함은 원만한 대화의 진행과 매끄러운 인간관계의 구축에 있어서 매우 중요한 사고활동이다. 이러한 점에서 대체적으로 다음과 같은 주제는 대화에 올리지 않는 것이 좋다.

A. 식사 때에 불쾌감이나 불결함을 연상할만한 주제는 회피

한다.

B. 파티 등, 공공연한 자리에서는 가급적 개인적인 주제는 회피한다.

C. 제공된 식사나 요리에 대하여 비판적인 주제는 회피한다.

D. 자신에만 국한된 주제는 회피한다.

E. 설교나 훈시적인 주제는 회피한다.

F. 상대방이 여성인 경우, 용모나 신체적인 주제는 회피한다.

G. 상대방을 자극할만한 감정적인 주제는 회피한다.

⑤ 회의에 있어서의 대화요령

회의는 일정한 주제 하에서 여러 사람이 자리를 함께 하면서 적절한 결론을 도출하기 위하여 진행되는 것이다. 따라서 회의에 참석한 일원으로써 마땅히 갖추어야 할 태도와 요령을 열거하고자 한다.

A. 발언은 누구나 쉽게 알아들을 수 있도록 또렷하게 발음하며, 정중하게 표현한다.

B. 공간에 알맞은 적절한 음량으로 발언함으로써 타인에게 위압감을 주지 않도록 한다.

C. 발언은 혼자서 독점하지 않도록 한다. 순번대로 돌아가면서 발언해야 함을 명심하여 다른 구성원에게도 배려한다.

D. 발언을 잘하지 않는 사람에게는 조심스럽게 발언을 유도하도록 한다.

E. 다른 사람의 발언이 완전히 끝난 다음에 발언하도록 한다.

F. 두 사람이 동시에 발언했을 때는 조금이라도 먼저 말한 사람, 그리고 이제까지 그다지 발언하지 않은 사람, 아울러 연장자나 선배가 먼저 발언하도록 양보한다.

G. 한사람의 얼굴만 쳐다보지 않고, 전체를 번갈아 보면서 발언한다.

H. 상대방의 입장과 생각을 인정하고자 하는 태도를 견지한다.

⑥ **사회자의 역할과 어법**

회의나 모임 같은 데에서 사회자는 참가자의 의견을 골고루 개진하게 하고 시간의 흐름을 원활하게 하며 적절한 결론을 도출하게 하는 중요한 역할을 맡게 된다. 이를 위하여 사회자는 다음과 같은 사항에 유념하여야 할 것이다.

A. 참가자전원에게 골고루 이야기를 할 기회를 제공한다.

B. 이야기가 옆길로 새지 않도록 주의한다.

C. 한 사람만의 이야기에 치우치지 않도록 한다.

D. 이야기의 흐름이 한 군데에만 정체되지 않도록 한다.

E. 가능한 한, 많은 사람의 의견이 일치되도록 조정한다.

F. 종종 논점이나 이야기의 흐름을 정리하여 참석자에게 확인시킨다.

G. 감정적인 대립이 없도록 주의한다.

H. 단정적인 표현이나 결론을 예상시킬만한 표현은 삼간다.

I. 예정된 시간이 초과되지 않도록 참가자의 협력을 구하는 한편, 가끔 예고한다.

J. 참가자를 돋보일 수 있도록 이름, 직업, 특기 등을 사전에

숙지한다.

K. 결론에 도달하게 되면 그것을 정리하여 참가자에게 알린다.

L. 참가자의 협력에 감사하는 기분을 포함하여 마무리 짓는 인사를 한다.

2) 올바르게 손님을 대하는 태도

회사라는 곳은 하루에도 수많은 거래처손님을 비롯한 내방객의 출입이 잦은 곳이다. 회사에 출근하여 하루 종일 자신의 맡은 업무를 원만하게 수행하는 것도 중요하지만, 이에 못지않게 중요한 것은 내방객에 대하여 산뜻한 회사의 이미지를 안겨줄 수 있도록 세심한 배려와 주의를 기울이는 것이다. 새삼 말할 것도 없이, 내방객에 있어서 회사원 한 사람 한 사람이야말로 바로 그 회사를 대표하는 셈이 되기 때문이다.

① 회사의 얼굴인 안내접수 창구

내방객에 대한 응대는 말씨, 태도, 표정, 동작이 매우 중요한 요소가 된다. 왜냐하면, 그 회사를 방문하여 제일 먼저 접하게 되는 곳이 바로 안내접수 창구이기 때문이다. 즉, 안내접수를 하는 담당자는 그 순간 회사의 규모와 상관없이 회사전체를 대표하는 셈이 되는 것이다. 따라서 그 담당자는 항상 내방객을 경쾌하게 맞이함은 물론, 부드러운 미소와 정중한 태도, 그리고 세련된 몸동작으로 맞이하여야 한다. 이렇게 함으로써 내방객은 자신이 중시되고 있다는 흐뭇한 생각을 할 수가 있게 될 것이고, 응당 해당회사에 대한 이미지도 매우 좋게 될 것이다.

② 응접실에서의 내방객에 대한 배려

일단, 내방객을 맞이하게 되면 시종일관 모든 사고와 행동은 내방객의 입장에서 내방객을 중심으로 이루어지도록 하는 것이 바람직하다. 즉, 내방객에 대한 철저한 배려는 바로 잔잔한 감동으로 이어지기 마련인 것이다. 여기에서는 내방객을 응접실로 안내하는 요령에 대하여 살펴보기로 하자.

A. 내방객의 전방 1미터정도 앞에서 선도를 한다. 이때 주의하여야 할 점은 앞에서 선도한다고 해도 한가운데가 아니라 오른쪽에 치우쳐서 선도를 한다는 점이다. 왜냐하면, 선도하면서 내방객이 제대로 따라오고 있는가를 관찰하기에는 아무래도 측면이 용이하기 때문이다.

B. 응접실에 도착하면 문을 열고는 오른손을 펼쳐서 손님이 들어가도록 한다. 손님이 들어가게 되면 곧바로 따라 들어가 손님이 앉을 좌석을 지정하여 안내한다. 이러한 안내가 없게 되면 손님으로서는 어디에 앉아야 할지 당황하게 되고, 이는 중대한 실례로 이어지기 때문이다.

C. 손님이 앉게 되면, 문 앞에서 가볍게 인사를 하는데, 이 경우 단순한 몸동작뿐만 아니라 손님이 회사를 방문해 준 것에 대한 감사와 환영의 뜻을 담아 간단한 구두인사도 곁들인다. 이어서, 실내온도(특히 여름과 겨울철)와 채광(커튼 및 블라인드)에 대한 손님의 기호를 확인한다.

D. 확인점검이 다 끝나게 되면, 다시 문 앞으로 가서 가볍게 인사를 하고 조용히 퇴실한다. 물론, 이 경우에도 단순한 몸동작뿐만이 아니라, 손님이 기다리게 될 대강의 시간을 알리고, 아울러 언제든지 불편한 점이 있을 때는 사양치 말고 불러줄 것을 알린 다음에 퇴실한다.

E. 손님에게 차를 제공할 때는 최대한 밝은 표정과 정중한 태도를 취하도록 한다. 물론, 이 과정에서 간단한 인사말도 곁들인다. 무표정과 무언으로 제공되는 차는 어딘가 마지못해 제공하는 듯 한 인상을 주기 십상이다. 어렵거나 복잡한 인사가 아니라, 그저「차, 드십시오」 또는「차, 드시면서 잠시만 기다려 주십시오」정도의 인사면 족할 것이다.

F. 동료나 상사가 방문 중인 손님과 이야기를 나누는 중에, 그 동료나 상사에게 긴급한 전화가 와서 부득이 전달해야만 할 때는 메모로서 전달하도록 한다. 이 경우, 손님을 앞에 두고 귓속말로 전달하거나 한쪽구석으로 이동하여 전달하게 되면, 당연히 손님으로서는 유쾌한 일이 못될 것이다. 따라서 전달해야할 내용을 간단하게 메모로 작성하고서, 일단은 손님의 양해를 구한 다음에 전달하는 것이 하나의 센스가 될 것이다.

③ 인사하기

모든 직장에는 그 나름대로의 질서를 유지하기 위한 규율과 예의범절이 있게 마련이며, 모든 인간관계도 예의범절의 범주 안에 형성되어 있으며 어떠한 형태로든 그 통제와 규제에 놓일 수밖에 없다. 그러한 각종 예의범절가운데에서 으뜸가는 것이 바로 인사이다. 즉, 인사라는 것은 인간관계의 시작이요 끝이기도 하다. 「안녕하십니까?」「감사합니다」「어서 오십시오」「실례합니다」「안녕히 가십시오」등의 인사를 정중한 태도와 더불어 할 수 있어야만 참된 사회인으로서의 평가를 받게 될 것이며, 이러한 인사와 태도는 곧 회사의 품격을 한층 높이는데 크나큰 기여를 하게 될 것이다. 물론, 이러한 구두표현으로서의 인사에 필수적으로 뒤따라야 하는 것이 표정이다. 듣기에는 매우 정중한 음색과 표현의 인사이지만 얼굴표정은 전혀 없는 경우라면 아예 인사를 안 하는 것과 하등의 차이가 없다. 인사에서 음성 못지않게 중요한 것이 바로 표정이기 때문이다. 밝은 미소와 함께 건네는 정중한 인사는 보는 이로 하여금 마음까지 맑게 해주는 효과가 있는 것이 아닐까. 이와 같은 구두로의 인사와 더불어 중요한 것이 몸으로 하는 인사이다. 가장 정중한 인사의 요령으로는 허리를 구부려서 상대방의 무릎부분이 보이는 정도로 인사하는 것이 좋다. 고개만 숙이는 정도의 인사는 그리 정중하지 못하며, 그렇다고 해서 상대방의 무릎이하가 보일 정도로 머리와 허리를 굽히는 것도 다소 비굴한 느낌이 주어질 수 있다.

3) 직장에서 외면당하는 행동

직장은 결코 혼자만의 독무대가 아니다. 위로는 상사들이 있으며, 옆으로는 동료들이 있다. 직급에 따라서는 부하도 있을 수 있다. 뿐만 아니라, 성격이나 취향, 그리고 업무성격을 달리하는 천차만별의 사람들이 한데 어우러져 공동의 목표아래 근무하는 곳이 바로 직장이다. 따라서 보다 원만하고 바람직한 직장생활을 하기 위해서는 항상 마음속에 새기며 지켜야 할 많은 덕목이 있는 것이다. 여기에서는 평소 필자가 생각하곤 했던 직장의 금기사항을 「직장에서 외면당하는 행동」이라는 소제목으로 나열하고자 한다.

· 자기위주로만 사고하고 행동하며, 주위는 아랑곳하지 않는다.
· 언제나 말만 앞세우고 실천은 뒤따르지 않는다.
· 될 수 있는 한 자기만 편하게 지내려고 한다.
· 남의 험담을 늘어놓는 등, 남의 이야기를 즐겨 한다.
· 인사를 별로 안 하거나, 하더라도 성의 없이 한다.
· 시간관념이 별로 없다.
· 말을 할 때, 강압적인 말씨를 구사한다.
· 남의 이야기를 듣는 데는 인색하고 주로 자기 말만 하려 한다.
· 일을 창의적으로 하려 하지 않고, 그저 주어진 일만 수동적으로 한다.
· 뭔가 문제가 생기면 짜증부터 내려 한다.
· 일이 잘못되면 변명부터 늘어놓는다.
· 청결 단정한 용모를 유지하지 않는다.
· 유행만을 의식한 복장과 치장을 한다.
· 회의나 회식 때는 곧잘 빠진다.
· 회사 내에서 개인적인 이야기를 곧잘 한다.

· 동료들과 어울리지 않고 혼자만의 시간에 안주한다.
· 지연이나 학연 등을 드러내 놓고 이야기한다.
· 본인이 없다고 해서 이름에 존칭을 붙이지 않고 하대를 한다.

이 밖에도 많은 요소들이 있을 것이나, 한번쯤 위에 열거한 요소에 해당되는 바는 없는지 가끔씩 되새겨 보면 어떨까한다. 자신의 발전은 시간의 경과와는 아무 상관없으며 오로지 부단한 자기성찰과 개발을 통하여만 달성될 수 있음을 인식할 필요가 있을 것으로 생각된다.

4) 실제장면에서의 태도

① 방문하기

용무가 있어 타 회사를 방문할 때 약속되었거나 정해진 시간을 철저히 지켜야 함은 새삼 말할 것도 없다. 비즈니스계에서 시간은 곧 경쟁력이다. 경우에 따라서는 단1분을 다투어야 할 긴박한 상황도 얼마든지 있을 수 있다. 상대방회사를 방문함에 있어서는 사전에 확실한 약속 하에 이루어질 필요가 있다. 방문내용이 중요하면 할수록 보다 확실한 사전약속이 절실히 요구되는데, 이렇게 함으로써 상대방 역시 방문내용에 대한 검토 및 준비를 할 수 있게 될 것이며 자연히 상담이나 회의도 충실하게 전개될 수 있을 것이다. 타 회사나 단체를 방문함에 있어서 주의하여야 할 사항을 몇 가지 살펴본다.

A. 반드시 정해진 시간에 도착하도록 한다. 상대방은 항상 시간을 열어놓거나 여유 있는 시간 하에 활동하고 있는 것이 아니다. 경우에 따라서는 항상 시간에 쫓기며 활동하고 있을 수도 있다. 만약, 정해진 시간보다 늦게 도착하게 되면 상대방의 귀중한 시간을 그 만큼 빼앗는 셈이 될 것이며, 말할 것도 없이 상대방의 기분을 상하게 할 수도 있게 될 것이다. 따라서 어떠한 경우에도 약속된 시간에 정확히 도착하도록 최선을 다하여야 한다. 이는 평소의 시간관념을 철저하게 체득해놓음으로서 극복될 수 있는 문제이다.

B. 그렇다고 해서, 정해진 시간이 채 못 되어서 도착하는 것도 대단한 실례가 된다. 약속된 시간에 맞추어 가다보면 다소 일찍 도착할 수도 있는데, 이 경우, 5분, 10분 정도야 괜찮겠지, 하는 가벼운 생각으로 약속시간에 앞당겨 상대방에게 가는 수가 있다. 상대방은 어쩌면 대단히 긴박한 상황에서 일을 처리하면서 정해진 약속시간을 줄곧 의식하고 있었을 지도 모를 일이다. 그러할 때, 정해진 시간보다 일찍 도착하게 되면 말할 것도 없이 상대방을 매우 당황하게 할 수도 있다. 물론, 가능하다면 정해진 시간보다 다소 앞선 시간에 도착하는 것이 바람직하다. 정해진 시간보다 다소 일찍 도착해서 호흡도 고르고 화장실에서 용모도 체크한 다음 여유를 가지고 정해진 시간에 들어가는 것이 좋을 것이다. 다급하게 가쁜 숨을 내쉬면서 들어오는 모습은 그리 보기 좋은 것은 아닐 것이다.

C. 가는 도중에 사정이 있어서 약속시간에 늦어질 것 같으면

반드시 전화를 걸어 알린다. 도로사정은 언제나 예측할 수 없는 것이어서 예기치 못한 공사나 사고 등으로 인하여 정체가 될 수도 있다. 그러할 때, "이건 어쩔 수 없는 일" "도착해서 사정을 설명하면 되겠지" 하는 식으로 안일하게 생각해서는 안 된다. 예측하건 데, 아무래도 정해진 시간에 맞추어 도착하기 어렵다고 판단되면 상대방에게 즉각 전화를 걸어, 그 이유와 예상도착시간 등을 알리는 것이 도리이다. 상대방은 이를 통하여 안심을 하거나, 다시 시간사정을 재조정할 수가 있을 것이다. 물론, 사정을 설명하고 난 다음에 그에 알맞은 사과표현을 하여야 함은 말할 것도 없는 일이다.

② **맞이하기**

A. 약속된 내방객이 도착하면 즉각 응대를 한다. 내방객과 정해진 약속시간이 다되어 가면, 하던 일을 중단하고 맞이할 자세를 취한다. 어떠한 경우에도 내방객을 기다리게 해서는 안 된다. 왜냐하면 내방객은 갑자기 불쑥 나타난 것이 아니라 사전에 충분한 약속을 하고서 방문한 것이기 때문이다. 또한, 내방객은 나름대로 귀중한 시간을 쪼개어 방문한 것이기도 할 것이다. 따라서 내방객이 도착하면 즉각 응대에 들어가도록 할 것이며, 결코 기다리게 해서는 안 된다. 만약, 내방객을 응접실 같은 데에서 기다리게 방치해 두면 필시 유쾌하지 못한 기분을 느낄 것이며, 사전에 약속을 한 의미도 희석되게 될 것이다.

B. 내방객이 도착하면, “기다리고 있었습니다” 라는 인사말로 맞이한다. 내방객 나름대로는 힘든 시간을 내어 어렵게 방문했을 수도 있다. 그러한 때, 이러한 인사한마디는 내방객의 마음을 훈훈하게 해주기에 충분할 것이다. 자연히, 내방객은 “이 회사는 나를 중시하고 있구나” 하는 생각을 하게 될 것이고, 그로 인하여 회의나 상담도 순조롭게 시작되고 진행될 수 있는 것이다. 간혹, 내방객을 보자마자, “이쪽으로 가시지요” 하는 말과 함께 바로 앞서 가는 경우가 있는데, 이는 결코 예의바른 손님맞이하기가 될 수 없다. 어디까지나, 내방객은 회사의 손님이라는 의식을 져버려서는 안 될 것이다.

5) 전언을 전달하는 방법

외부로부터 전화가 걸려오거나 내방객이 있었으나, 찾는 사람이 부재중일 경우에는 전언을 부탁 받는 일이 많다. 사실, 이 전언이라는 것은 손님으로부터 부탁 받기 전에 이쪽에서 먼저 적극적으로 전언을 접수할 의사가 있음을 밝히는 것이 바람직하다.

전언을 접수함에 있어서 주의하여야 할 사항을 몇 가지 살펴보기로 한다.

① 언제나 전언을 메모할 수 있도록 책상 위에는 항상 메모용지를 비치해 놓는다.

② 전언은 보통 구두로 이루어지는 것이 보통인데, 가능하면 메모형식으로 접수하는 것이 좋다. 그래야만 나중에 일에 쫓기거나 그만 외출해 버림으로서 전언전달을 깜빡 잊는 일을 방지할 수 있다.

③ 전언을 메모할 때는 五W1H의 원칙, 즉, 누가(WHO), 언제(WHEN), 어디서(WHERE), 무엇을(WHAT), 왜(WHY), 어떻게(HOW)에 입각하여 작성하는 것이 좋다.

④ 전언작성이 다 끝나면, 그 전언을 받은 날짜와 시간, 그리고 받은 사람의 이름도 반드시 적어둔다. 자칫 오늘, 내일, 이라는 식의 날짜를 기록하는 경우가 있는데, 이렇게 되면 전언을 전달받은 사람이 갑자기 외출했다가 다음날 출근하였을 경우 대단한 혼란이 초래될 수도 있다. 따라서 날짜는 반드시 숫자로 기록하도록 한다. 아울러, 받은 사람이 명확히 기록되어 있음으로서 전언전달의 과정에서의 보다 구체적인 사항을 언제나 확인할 수가 있을 것이다.

6) 명함교환법

명함은 곧 그 사람을 대변하는 역할을 할뿐더러 그 사람의 인격과 지위를 나타내기도 한다. 따라서 누군가로부터 명함을 받게 될 때는 그에 걸 맞는 예의를 갖추어야 함은 물론이다. 자칫 명함이라는 것이 작은 종잇조각에 불과하다는 생각에서인지 소홀히 다루는 경우를 볼 수 있는데, 항상 남의 명함은 곧 그 사람의 얼굴이라는 생각을 잊지 말고 정중히 다루어야 할 것이다.

여기에서는 구체적인 명함교환법에 대하여 살펴보기로 한다.

① 명함은 언제든지 교환할 수 있도록 휴대하여야 하며, 종종 소지하고 있는 명함의 매수를 확인하여야 한다. 종종, 막상 명함을 받고서는 자신의 명함이 떨어져서 무안한 표정을 짓곤 하는 사람을 볼 때가 있는데, 이는 결코 꼼꼼한 직장인의 태도가 못될 것이다.

② 명함을 받을 때는 반드시 두 손으로 공손하게 받도록 하며, 명함을 증정할 때 역시 두 손으로 공손히 제시하도록 한다. 이 경우 두 손가락으로만 받거나 명함의 끝자락을 잡는 식으로 받는 것은 금물이다. 특히, 증정할 때는 상대방이 글자를 보기 쉽게 방향을 돌려서 증정하는 것이 좋다. 아울러, 제시하면서는 반드시 자신의 신분을 구두로 밝히도록 한다.

③ 받은 명함은 소중히 다룬다. 명함을 받자마자 곧 서랍에 넣는 사람이 있는데, 가능하면 명함은 상대방과 대화를 나누는 동안에 줄곧 자기 앞에 놓아두는 것이 좋으며, 아울러, 상대방의 이름을 확인 후 시종일관 상대방의 이름을 부르며 대화를 나누게 되면 그만큼 친숙감이 더 들것이고 대화도 무르익게 된다.

④ 명함은 곧 그 사람의 얼굴이다. 절대로 상대방 앞에서 명함을 만지작거리거나 해서는 안 된다. 특히, 더운 여름철에 종종 대화를 나누며 명함으로 부채질하는 경우가 있는데, 이는 대단한 실례가 된다. 어떠한 경우에도 명함은 상대방을 대하듯이 대하는 것이 좋을 것이다.

7) 소개를 하는 방법

누군가를 소개할 때는 그에 걸 맞는 규칙과 순서가 있는 것이다. 기본적인 소개순서는 다음과 같다.

① 직급 상으로 하위자를 상위자에게 먼저 소개하고, 그 다음에 상위자를 하위자에게 소개한다.
② 연령상으로 손아랫사람을 손 윗분에게 먼저 소개하고, 그 다음에 손 윗분을 손아랫사람에게 소개한다.
③ 성별 상으로 남성을 여성에게 먼저 소개하고, 그 다음에 여성을 남성에게 소개한다.
④ 직장동료나 친구를 먼저 가족에게 소개하고, 그 다음에 가족을 소개한다. 다만, 가족 중에서 형제자매인 경우에는 직장동료나 친구에게 형제자매를 먼저 소개한다.

아울러, 누군가에게 자기를 소개할 때는 단지 이름만 대는 것이 아니라, 자신에 관한 정보를 다소나마 알리는 것이 좋다. 간혹, 자신의 이름만 대는 경우가 있는데, 이는 매우 소극적인 태도라 하지 않을 수 없으며, 그로 인하여 상대방에게 주는 자신의 첫인상도 매우 희미한 것이 되고 말 것이다. 따라서 자신을 소개할 때는 무엇이든지 상관없이 보다 자신을 부각시킬 수 있는 간단한 정보, 즉 직업, 살고 있는 곳, 특기나 취미, 그리고 경력과 출신지 등을 이름과 함께 간결하면서도 요령 있게 제공하고자 하는 적극적인 자세가 중요하다. 물론, 이러한 과정에서 호감을 살 수 있는 표정과 태도, 그리고 공손한 말씨는 말할 것도 없이 중요할 것이다.

8) 복도를 걷는 방법

가끔 복도를 여럿이서 나란히 걷는 경우를 볼 수 있는데, 이는 결코 바람직한 태도가 못된다. 특히, 회사 같은 곳에서는 업무가 분초를 다투는 나머지 빠른 속도로 복도를 보행해야 할 경우도 있을 수 있는데, 이러한 때 두세 명이 복도를 차지해 버리면 업무가 바쁜 사람의 통행을 방해하는 결과가 되며 당연히 예의를 져버리는 행위가 되게 된다. 따라서 복도를 여럿이서 걸을 때는 반드시 한쪽으로 치우친 상태로 나란히 걷도록 하여야만 상식을 의심받지 않게 될 것이다. 또한 혼자서 복도를 걸을 때도 가운데는 상사나 내방객을 배려하여 비워놓고 가장자리를 걷는 것도 하나의 에티켓이 될 것이다. 아울러, 에스컬레이터나 무빙워크를 이용할 때 역시 한쪽만을 이용함으로서 앞질러 가고자 하는 뒷사람에게 적절한 심적 배려를 하는 것이 바람직할 것이다.

9) 엘리베이터 타기

손님과 함께 엘리베이터를 탈 때, 안내하는 사람이 먼저 타서는 '열림'버튼을 누른 채 손님이 타도록 하며, 내릴 때 역시 '열림'버튼을 누른 채 손님이 먼저 내리도록 한다. 만약에 손님이 먼저 타고 내리게 되면, 그 과정에서 자칫 문이 닫힐 수도 있기 때문이다. 한편, 엘리베이터를 혼자서 타는 경우에도 가능한 한, 버튼이 설치되어 있는 곳에 서도록 하여 나중에 타는 사람을 배려할 필요가 있다. 서류뭉치나 물건을 들고 나중에 타는 사람의 경우, 자칫 문이 금방 닫힐 수가 있으며, 뿐만 아니라, 두 손이 묶여 있게 되면 원하는 층의 버튼을 누르기도 곤란할 것이다. 그다지 힘든 일도 아닌 것을 솔선하여 배려함으로서 항상 주위로부터 상식과 예의를 갖춘 사람으로 인식될 수 있는 것이다. 아울러, 엘리베이터는 회사 내에 있으면서도 회사 밖이나 마찬가지이므로 안에서는 가능하면 말을 하지 않는 것도 하나의 에티켓이 될 것이다.

10) 응접실로 안내하기

응접실로 손님을 안내하고서는 입구에서 단지 앉으라고 권해도 손님으로서는 어디에 앉아야 할지 망설이게 된다. 이럴 때는 손님이 앉을 자리까지 안내하는 것이 당연한 예의인데, 이 경우, 손님은 출입문의 안쪽에 있는 소파나 의자로 안내하고, 자신은 출입문 쪽의 소파나 의자에 앉도록 한다. 요컨대, 출입문 쪽의 소파나 의자가 하위자의 자리가 되며, 안쪽의 소파나 의자가 상위자의 자리가 되는 것이다. 또한, 안쪽의 소파나 의자라고 해도 가운데자리가 가장 상석이 됨에 유의하여야한다.

11) 승용차의 좌석배치

승용차에서 가장 상석은 조수석의 바로 뒷좌석이다. 말할 것도 없이 이 좌석이 승용차를 타고 내릴 때에 가장 편리하기 때문이다. 이 점에서는 택시도 마찬가지인데, 만약 손님을 승용차나 택시로 안내할 경우에는 먼저 본인이 뒷좌석안쪽으로 타고 이어서 손님을 바깥쪽에 앉도록 하여야 한다. 하지만, 손님이라고 해도 자신과 현격한 차이가 날 정도로 상위자인 경우에는 뒷좌석에는 손님만 앉게 하고 본인은 조수석에 앉는 것이 바람직하다. 아울러, 여성과 함께 승용차나 택시를 탈 경우, 먼저 여성을 뒷좌석의 안쪽에 앉게 한 다음, 남성이 바깥쪽의 좌석에 앉는 것이 보통인데, 필자의 사견으로는 이 경우 역시 남성이 안쪽에 앉고 여성을 바깥쪽에 앉게 하는 배려가 필요하리라 생각된다. 왜냐하면 여성의 경우, 특히 스커트를 착용한 여성의 경우에는 안쪽의 좌석일 경우 타고 내리기가 매우 불편하기 때문이다. 약간의 심적 배려가 상식적이고 예의바르며 남을 배려하는 마음이 풍부한 사회인으로 인식시켜 주기에 충분한 것이다.

경어연습

(해답)

경어에 대한 자기점검

오용

新郎新婦(しんろうしんぷ)を支(ささ)えてくれる人々(ひとびと)が、こんなにもおり、胸(むね)がいっぱいになる思いです。

해설과 수정

「てくれる」는 동격이나 하격에게만 쓸 수 있으므로 「てくださる」로 고치며, 「人々」 역시 「方々」로 고쳐야만 한다. 또한, 「おり」는 겸양동사로서 자신에게만 쓸 수 있으므로 「いらっしゃいまして」로 고쳐야만 한다.

해답

新郎新婦を支えてくださる方々が、こんなにもいらっしゃいまして、胸がいっぱいになる思いです。

오용

この席におられるみなさんは、すでに承知(しょうち)していることと思います。

해설과 수정

「おる」는 겸양동사여서 존경의 의미를 나타내는 조동사「れる」를 붙일 수 없으므로 「いらっしゃる」로 고쳐야 하며, 「承知している」에는 존경의 뜻이 담기지 못하였으므로 「ご承知の」로 고치고, 「思います」는 겸양동사 「存じます」로 고쳐야만 한다.

해답

この席にいらっしゃるみなさんは、すでにご承知(しょうち)のことと存じます。

오용

課長、帰りに00社へお伺いしてくださいませんか。

해설과 수정

「お伺いする」의 「伺う」는 겸양동사로서 자신에게만 쓸 수 있으며 결코 윗분에게는 쓸 수가 없다. 따라서 존경어형식인 「お寄りになる」로 고쳐야만 한다.

해답

課長、帰りに00社へお寄りになってくださいませんか。

오용

あなたも田中さんからご招待をしていただいたのですか。

해설과 수정

위와 같이 표현하면 田中さん만을 예우하는 셈이 되며 눈앞에 있는 상대는 무시하는 셈이 된다. 따라서 초대를 받은 상대를 예우하여 존경어형식인 「お受けになる」로 고쳐야만 한다.

해답

あなたも田中さんからご招待をお受けになったのですか。

오용

ありあわせで何もありませんが、どうぞ一緒にいただいてください。

해설과 수정

「ありませんが」를 정중어인 「ございませんが」로 고치고, 「いた

だく」는 겸양동사로서 자신에게만 쓸 수 있으므로 경어동사인 「召し上がる」로 고쳐야만 한다.

해답

ありあわせで何もございませんが、どうぞご一緒に召(め)し上(あ)がってください。

오용

そのようなことをいたされますと、礼(れい)の言葉に困ります。

해설과 수정

「いたす」는 겸양동사로서 자신에게만 쓸 수 있으므로 존경의 의미를 나타내는 조동사 「れる」를 붙일 수가 없다. 따라서 경어동사인 「なさる」를 쓰거나, 겸양표현인 「していただく」를 써야만 한다.

해답

そのようなことをなさっては(していただいては)、お礼の言葉に困ります。

오용

しばらくいたしましてからまた電話ください。

해설과 수정

「いたす」는 「する」에 대한 겸양동사로 쓰이거나 정중어로 쓰이곤 하는데 이 경우는 단순한 시간의 경과만을 나타내는 것이므로 「しばらくしてから」 「しばらくしまして」로 충분하다. 지나친 경어의 사용은 가능하면 피하는 것이 좋다. 아울러 「電話」는 보다 정중하게 표현하여 「お電話」로 하는 것이 좋다.

해답

しばらくしてから(しばらくしまして)またお電話ください。

오용

ご拝見(はいけん)になる順路(じゅんろ)は、矢印(やじるし)で書いてあります。

해설과 수정

「拝見」은 자신에게만 쓸 수 있는 겸양어이므로 아무리 존경의 접두어 「ご」를 붙인다 해도 상대에게는 쓸 수가 없다. 따라서 존경표현인 「ご覧になる」로 바꾸어야만 한다.

해답

ご覧になる順路は、矢印(やじるし)で書いてあります。

오용

必(かなら)ずご持参(じさん)いたしますから待ってください。

해설과 수정

여기에서의 「持参」은 자신의 행동이므로 「ご」를 붙일 수 없다. 만약 「ご」를 붙이게 될 것 같으면 어디까지나 상대의 행동을 높이는 셈이 된다(ご持参ください). 아울러 「待ってください」는 존경어표현인 「お待ちください」로 고치는 것이 바람직하다.

해답

必ず持参(じさん)いたしますからお待ち下さい。

오용

私の社長には、もうお目にかかっていただけましたか。

해설과 수정

아무리 사장이라고 해도 자신 측에는 높여서 표현할 수 없는 것이 일본어경어의 원칙이다. 따라서 이 경우에는 상대의 행위를 높인 표현인「お会いになって」로 고쳐야만 한다.

해답

私どもの社長には、もうお会いになっていただけましたか。

오용

先生を存(ぞん)じていらっしゃる人は手をあげてください。

해설과 수정

「存じる」는「知る、思う」에 대한 겸양동사로 오로지 자신에게만 쓸 수 있다. 그런데 표제어는 이러한 겸양동사와 경어동사「いらっしゃる」가 혼용되어 있는 셈이다. 따라서 어디까지나 상대를 높이는 존경표현인「ご存じの」로 바꾸어야만 한다. 아울러「人」역시「方」로 고치는 것이 바람직하다.

해답 先生をご存じの方は手をあげてください。

오용

そこまでご存(ぞん)じになっていらっしゃるとは思いませんでした。

해설과 수정

「存じる」는 「知る、思う」에 대한 겸양동사로 오로지 자신에게만 쓸 수 있으며 또한 존경표현인 「ご存じになる」라는 형식도 존재하지 않는다. 그런데 존경의 접두어 「ご」와 결합한 상태로는 상대에게 쓸 수가 있어서 이 경우에는 「ご存じの」 또는 「ご存じでいらっしゃる」로 고쳐야만 한다.

해답

そこまでご存じとは(ご存じでいらっしゃるとは)思いませんでした。

오용

お宅の主人に買って差(さ)し上(あ)げたら、喜ぶでしょうね。

해설과 수정

사는 주체가 말하는 사람자신인 경우에는 이대로 좋지만, 이 경우에 사는 주체는 어디까지나 동행한 사람이므로 그 사람의 행위를 높여서 「おあげになる」를 쓰는 것이 좋다. 또한 기뻐하는 주체는 동행인의 남편이므로 그 남편을 높인 표현인 「お喜びになる」로 표현하여야 한다.

해답

お宅のご主人に買っておあげになったらお喜びになるでしょうね。

오용

証明書(しょうめいしょ)はこの用紙(ようし)を使って申(もう)し込(こ)んでください。

해설과 수정

「申し込んでください」로만 표현하면 상대에 대한 정중도도 떨어지며 자칫하면 명령조로 들릴 수도 있다. 따라서 존경표현인 「お申し込みください」로 고쳐야만 한다.

해답

証明書はこの用紙を使ってお申し込み下さい。

오용

お嬢(じょう)さん、就職(しゅうしょく)が決まったそうですね。

해설과 수정

손아래사람인 딸이라고 해도 상대를 의식하여 철저히 높여서 표현하는 것이 경어의 원칙이다. 따라서 「就職」에는 존경의 접두어인 「ご」를 붙이며, 「決まった」는 존경표현인 「お決まりになった」로 고쳐야만 한다.

해답 お嬢さん、ご就職がお決まりになったそうですね。

오용

さっき、あなたの主人がうちの店へ来ました。

해설과 수정

「さっき」는 보다 정중한 「先ほど」로 고치고, 상대남편을 존중하여 「ご主人」으로 고치며, 「うちの店」는 겸양표현인 「私どもの店」로 고친다. 아울러, 상대 남편의 행위인 「来ました」는 존경표현인 「おいでになりました」로 고쳐야만 한다.

해답

先ほど、ご主人が私どもの店へおいでになりました。

오용

女房(にょうぼう)は、出先(でさき)から直接あなたのうちへ行くそうです。

해설과 수정

「女房」는 매우 친숙한 사이에서만 쓸 수 있으므로 「家内」로 고치고, 「あなたのうち」는 존경표현인 「お宅」로 고치며, 「行く」는 겸양동사인 「伺う」로 고쳐야만 한다.

해답

家内は、出先から直接お宅へ伺うそうです。

오용

弟が、借りた本のことで迷惑(めいわく)をかけました。

해설과 수정

남동생은 자기 측이므로 겸양표현을 써서 「お借りした」로 고치고, 「迷惑をかけました」역시 겸양표현인 「ご迷惑をおかけしました」로 고쳐야만 한다.

해답

弟が、お借りした本のことでご迷惑をおかけしました。

오용

親戚(しんせき)の人が、駅に迎えに出ています。

해설과 수정

친척은 자기 측이므로 「人」의 겸양어인 「者」로 고치고, 「迎えに」는 겸양표현인 「お迎えに」로 고치며, 마지막으로 「出ています」 역시 겸양표현인 「出ております」로 고쳐야만 한다.

해답

親戚の者が、駅にお迎えに出ております。

오용

僕の後輩の田中君が、一度事務室へ行きたいと言っていました。

해설과 수정

후배는 자기 측이므로 경칭 「君」을 붙이지 않으며, 후배의 행위인 「行きたい」는 겸양표현인 「お邪魔したい」로 고친다. 아울러, 「言っていました」 역시 겸양표현을 써서「申しておりました」로 고쳐야만 한다.

해답

私の後輩の田中が、一度事務室へお邪魔したいと申しておりました。

오용

昨日もらったお菓子は、子供たちがとてもおいしく食べました。

해설과 수정

자기아이들의 행동을 표현하는 것이므로 상대 앞에서는 철저히 낮추어 표현하여야만 한다. 따라서 「もらった」는 겸양동사인 「いただいた」 또는 「頂戴した」로 고치고, 「食べました」 역시 정중표현인「いただきました」로 고쳐야만 한다.

해답

昨日いただいた(頂戴した)お菓子は、子供たちがとてもおいしくいただきました。

경어의 실제연습

오용

1. 勤務中(きんむちゅう)本当にすみませんが、課長に私(わたくし)ごとで、折(お)り入(い)って頼みたいことがあります。もし都合(つごう)がよかったら、今週の日曜日に課長のうちへ行きたいと思いますが。

해설과 수정

「本当に」는 정중표현인「誠に」로
「すみませんが」는 겸양표현인「申し訳ございませんが」로
「頼みたい」는 겸양표현인「お願い申し上げたい」로
「あります」는 정중표현인「ございます」로
「都合」는 존경의 접두어를 붙인「ご都合」로
「よかったら」는 정중표현인「よろしゅうございましたら」로
「うち」는 존경표현인「お宅」로
「行きたい」는 겸양표현인「お伺いしたい」로
「思いますが」는 겸양표현인「存じますが」로 각각 고친다.

해답

勤務中誠に申し訳ございませんが、課長に私ごとで、折り入ってお願い申し上げたいことがございます。もしご都合がよろしゅうございましたら、今週の日曜日にお宅にお伺いしたいと存じますが。

오용

2. 休み中本当にすみません。許してください。前に会社でちょっと話したとおり、今度結婚することにしました。相手は、課長も知っているかと思いますが、経理部出納課の田中みよこさんです。とても迷惑な願いですが、課長夫婦に、媒酌人を頼みたいのですが、よく引き受けて下さい。

해설과 수정

「休み中」는 접두어「お」를 붙인「お休み中」로
「本当に」는 정중표현인「誠に」로
「すみません」은 겸양표현인「申し訳ございません」으로
「許してください」는 존경표현인「お許しください」로
「前に」는 정중표현인「先日」로
「話した」는 겸양표현인「お話し申し上げた」로
「今度」는 정중표현인「この度」로
「結婚することにしました」는 겸양표현인「結婚することになりました」로

「知っているか」는 존경표현인 「ご存じか」로
「とても」는 정중표현인 「大変」으로
「迷惑な願い」는 존경과 겸양표현인 「ご迷惑なお願い」로
「夫婦」는 존경표현인 「夫妻」로
「媒酌人」은 접두어 「ご」를 붙인 「ご媒酌人」으로
「頼みたい」는 겸양표현인 「お願いしたい」로
「よく」는 정중표현인 「よろしく」로
「引き受けてください」는 존경표현인 「お引き受けください」로 각각 고친다.

해답

お休み中誠(まこと)に申し訳ございません。お許しください。先日会社でちょっとお話し申し上げましたとおり、この度(たび)結婚することになりました。相手は、課長もご存(ぞん)じかと思いますが、経理部出納(すいとう)課の田中みよこさんです。大変ご迷惑なお願いですが、課長ご夫妻(ふさい)に、ご媒酌人(ばいしゃくにん)をお願いしたいのですが、よろしくお引き受けください。

오용

3. 今度、とても歴史のあるこの会に入会した工藤小太郎(くどうこたろう)です。この会は長い間憧(あこが)れていて、今年の一月副会長の石川さんと知り合いになり、石川さんの紹介で入会しました。私はこの上ない名誉(めいよ)と、心から感謝しています。これから頑張(がんば)って努力をしますから、よろしくお願いします。

해설과 수정

「今度」는 정중표현인 「この度」로
「とても」는 정중표현인 「大変」으로
「入会した」는 겸양표현인 「入会させていただいた」로
「です」는 정중표현인 「でございます」로
「憧れていて」는 겸양표현인 「憧れておりまして」로
「今年」는 정중표현인 「本年」으로
「知り合い」는 정중표현인 「お知り合い」로
「紹介」는 존경표현인 「ご紹介」로
「入会しました」는 겸양표현인 「入会させていただきました」로
「感謝しています」는 겸양표현인 「感謝致しております」로
「努力をしますから」는 정중표현인 「努力を致しますので」로
「お願いします」는 겸양표현인 「お願い申し上げます」로 각각 고친다.

해답

この度、大変歴史のあるこの会に入会させて頂いた工藤小太郎でございます。この会は長い間憧れておりまして、本年の一月副会長の石川さんとお知り合いになり、石川さんのご紹介で入会させて頂きました。私はこの上ない名誉と、心から感謝致しております。これから頑張って努力を致しますので、よろしくお願い申し上げます。

오용

4. この前会った節(せつ)にやったかと思いますが、私は田中です。本当に無沙汰(ぶさた)しています。変りもないようで。この前会ったときもらっていると思いますが、もう一度名刺(めいし)をもらえますか。

해설과 수정

「この前」는 정중표현인「先日」로
「会った」는 겸양표현인「お目にかかった」로
「やった」는 겸양표현인「差し上げた」로
「です」는 정중표현인「でございます」로
「本当に」는 정중표현인「誠に」로
「無沙汰しています」는 겸양표현인「ご無沙汰致しております」로
「変り」는 존경표현인「お変り」로
「ないようで」는 정중표현인「ございませんようで」로
「会った」는 겸양표현인「お目にかかった」로
「もらっている」는 겸양표현인「頂戴しております」로
「名刺」는 접두어「ご」를 붙인「ご名刺」로
「もらえますか」는 겸양표현인「頂戴できますか」로 각각 고친다.

해답

先日、お目にかかった節(せつ)に差し上げたかと思いますが、私は田中でございます。誠にご無沙汰(ぶさた)致しております。お変りもございませんようで。先日、お目にかかったとき頂戴(ちょうだい)しておりますと思いますが、もう一度ご名刺を頂戴できますか。

오용

5. これから二人は長い道程の人生街道を邁進する訳ですが、幸せというものは、二人で一緒に力を合わせて探し求めるものであると思います。どうか今日仲良く繋いだ手を、いつまでも、いつまでも握り合って、大きな幸せを築き上げてくれるよう心から祈る次第です。

해설과 수정

「二人」는 접두어「お」를 붙인「お二人」로
「邁進する」는 존경표현인「邁進なさる」로
「訳ですが」는 정중표현인「訳でございますが」로
「一緒に」는 정중표현인「ご一緒に」로
「今日」는 겸양표현인「本日」로
「繋いだ」는 존경표현인「お繋ぎになった」로
「手」는 정중표현인「お手」로
「握り合って」는 정중표현인「握り合いまして」로
「くれるよう」는 존경표현인「くださいますよう」로
「祈る」는 겸양표현인「お祈り申し上げる」로
「次第です」는 정중표현인「次第でございます」로 각각 고친다.

해답

これからお二人は長い道のりの人生街道を邁進なさる訳でござい

ますが、幸せというものは、お二人でご一緒に力を合わせて探し求めるものであると思います。どうか本日仲良くおつなぎになったお手を、いつまでも、いつまでも握(にぎ)り合いまして、大きな幸せを築き上げてくださいますよう心からお祈り申し上げる次第(しだい)でございます。

오용

6. これで、二人の結婚披露宴(ひろうえん)は、めでたく終りとします。司会者不馴(ふな)れのため、何かと不行き届(ふゆゆとど)きの点が多かったことを詫(わ)びます。新郎、新婦と、列席してくれたみなさんの多幸を心より祈って終りとします。

해설과 수정

「これで」는 정중표현인「これをもちまして」로
「二人」는 접두어「お」를 붙인「お二人」로
「終わりとします」는 정중표현인「お開きと致します」로 고치는데, 특히 모임이나 연회를 끝낼 때는「お開き」를 씀.
「詫びます」는 겸양표현인「お詫び申し上げます」로
「列席してくれた」는 존경표현인「ご列席頂きました」로
「みなさん」은 존경표현인「皆様方」로
「多幸」는 존경표현인「ご多幸」로
「祈って」는 겸양표현인「お祈り申し上げまして」로
「終わりとします」는 정중과 겸양표현인「お開きとさせて頂きます」로 각각 고친다.

해답

これをもちまして、お二人の結婚披露宴(ひろうえん)は、めでたくお開きと致します。司会者不馴(ふな)れのため、何かと不行(ふゆ)き届(とど)きの点が多かったことをお詫び申し上げます。新郎、新婦と、ご列席頂きました皆様方のご多幸を心よりお祈り申し上げましてお開きとさせて頂きます。

오용

7. 今日の料理は、当地特産の竹(たけ)の子(こ)料理です。今ちょうど旬(しゅん)ですから、味も最高かと思います。何卒(なにとぞ)遠慮(えんりょ)なく十二分(じゅうにぶん)に食べてください。

해설과 수정

「今日」는 정중표현인「本日」로
「です」는 정중표현인「でございます」로
「今」는 정중표현인「只今」로
「旬ですから」는 정중표현인「旬でございますので」로
「思います」는 겸양표현인「存じます」로
「遠慮なく」는 존경표현인「ご遠慮なく」로
「食べてください」는 존경표현인「召し上がってください」로 각각 고친다.

해답

本日の料理は、当地特産の竹の子料理でございます。只今(ただいま)ちょうど旬でございますので、味も最高かと存じます。 何卒ご遠慮なく十二分に召し上がってください。

오용

8. 今後は十分注意して、二度とこのような迷惑をかけないから、これからもよろしくお願いします。それから、なんでも構いません。気づきの点があったら教示くれるようお願いします。

해설과 수정

「注意して」는 겸양표현인「注意致しまして」로
「迷惑」는 접두어「ご」를 붙인「ご迷惑」로
「かけないから」는 겸양표현인「おかけ致しませんので」로
「お願いします」는 겸양표현인「お願い申し上げます」로
「それから」는 정중표현인「尚」로
「気づき」는 존경표현인「お気づき」로
「あったら」는 정중표현인「ございましたら」로
「教示」는 존경표현인「ご教示」로
「くれるよう」는 존경표현인「くださいますよう」로
「お願いします」는 겸양표현인「お願い申し上げます」로 각각 고친다.

해답

今後は十分注意致しまして、 二度とこのようなご迷惑をお掛け致しませんので、これからもよろしくお願い申し上げます。尚、なんでもかまいません。お気づきの点がございましたら、ご教示(きょうじ)下さいますようお願い申し上げます。

오용

9. 課長、行って来ました。話がスムーズに進んで、成功(せいこう)しました。価格も数量も予定どおりの注文を受け、 来月早々(はやばや)に届(とど)けることにしました。先方(せんぽう)の購買係(こうばいがか)りの石川さんという人、課長の名前を話の中で出したら、よく知っているといわれましてね、それから話はとんとん拍子(びょうし)に進んでね、いや、課長のおかげです。そのうち、もう一度サンプルを持って行ってみようと思っています。

해설과 수정

「行って来ました」는 겸양표현인「行って参りました」로
「成功しました」는 정중표현인「成功致しました」로
「注文を受け」는 겸양표현인「注文を頂き」로
「届ける」는 겸양표현인「お届けする」로
「ことにしました」는 정중표현인「ことに致しました」로
「という人」는 존경표현인「という方」로
「課長の名前」는 존경표현인「課長のお名前」로
「知っていると」는 겸양표현인「存じていると」로
「進んでね」는 정중표현인「進みましてね」로
「行ってみようと」는 겸양표현인「伺ってみようと」로
「思っています」는 겸양표현인「思っております」로 각각 고친다.

해답

課長、行って参りました。話がスムーズに進んで、成功致しました。価格も数量も予定どおりの注文を頂き、来月早々にお届けすることに致しました。先方の購買係の石川さんという方、課長のお名前を話の中で出したら、よく存じているといわれましてね、それから話はとんとん拍子(ひょうし)に進みましてね、いやー、課長のおかげです。そのうちもう一度サンプルを持って伺(うかが)ってみようと思っております。

오용

10. 今いる場所は、東京駅の八重洲(やえす)口(ぐち)ですね、そうすると、駅の前に鉄道と並行して大通(おおどお)りがありますね、その大通(おおどお)りを駅を背(せ)にして左方向に進んでください。約三百メートル位歩きますと、 私たちの会社の看板(かんばん)を見ることができます。ビルの五階が会社の事務所ですから、エレベーターを使用して下さい。分かりましたか。それでは待っています。

해설과 수정

「今」는 정중표현인「只今」로

「いる」는 존경표현인「いらっしゃる」로

「そうすると」는 정중표현인「そういたしますと」로

「進んでください」는 존경표현인「お進みください」로

「歩きますと」는 존경표현인「お歩きになりますと」로

「私たち」는 겸양표현인「手前ども」로

「見ることができます」는 존경표현인「ご覧頂けます」로

「事務所ですから」는 정중표현인「事務所でございますので」로

「使用してください」는 존경표현인「ご使用になってください」로

「分かりましたか」는 존경표현인「お分かり頂けたでしょうか」로

「待っています」는 겸양표현인「お待ちいたしております」로 각각 고친다.

해답

只今(ただいま)いらっしゃる場所は、東京駅の八重洲(やえす)口(ぐち)ですね、そういたしますと、駅の前に鉄道と並行して大通りがありますね。その大通りを駅を背(せ)にして左方向にお進みください。約三百メートル位お歩きになりますと、手前(てまえ)共(ども)の会社の看板がご覧頂けます。ビルの五階が会社の事務所でございますので、エレベーターをご使用になって下さい。お分かり頂けましたでしょうか。それではお待ちいたしております。

오용

11. 親切にありがとうございます。実はこの子には、電車の腰掛(こしか)けは大人(おとな)の腰掛(こしか)けるところで、子供は立っているものだと教えていますから、子供が断(ことわ)ったと思います。折角(せっかく)の親切を断ってすみません。どうか気を悪くしないで許してください。

해설과 수정

「親切に」는 존경표현인 「ご親切に」로
「教えていますから」는 정중표현인 「教えておりますので」로
「断ったと」는 겸양표현인 「お断り致したと」로
「断ってすみません」은 겸양표현인 「お断りして申し訳ございません」으로
「気を悪くしないで」는 존경표현인 「お気を悪くなさらないで」로
「許してください」는 존경표현인 「お許しください」로 각각 고친다.

해답

ご親切にありがとうございます。実はこの子には、電車の腰(こし)かけは大人の腰掛(こしか)けるところで、子供は立っているものだと教えておりますので、子供がお断(ことわ)り致したと思います。折角(せっかく)のご親切をお断りして申し訳ございません。どうかお気を悪くなさらないでお許し下さい。

오용

12. みなさん、今日は多忙中(たぼうちゅう)のところを参列(さんれつ)してくれてとてもありがとうございました。大変待たせましたが、今から新郎新婦が入場するので、みなさんの心からの祝福(しゅくふく)を持って、盛大(せいだい)なる拍手(はくしゅ)で迎えてください。

해설과 수정

「みなさん」은 존경표현인「みなさま」로

「今日は」는 정중표현인「本日は」로

「多忙中」는 존경표현인「ご多忙中」로

「参列してくれて」는 존경표현인「ご参列くださいまして」로

「とても」는 정중표현인「誠に」로

「待たせましたが」는 겸양표현인「お待たせ致しましたが」로

「今から」는 정중표현인「只今より」로

「を持って」는 정중표현인「を持ちまして」로

「迎えてください」는 존경표현인「お迎えください」로 각각 고친다.

해답

皆様、本日はご多忙中のところをご参列下さいまして誠にありがとうございました。大変お待たせ致しましたが、只今より新郎新婦が入場しますので、皆様の心からの祝福をもちまして、盛大なる拍手でお迎え下さい。

오용

13. 今から、山田太郎様と石田幸子様の、結婚披露宴を始めます。私は新郎の山田太郎様とは、高校時代から親しく付き合っている高橋孝一と言います。今日は司会という大役を言いつけられたのですが、無事大役を務めるため、みなさんの力添えをお願いします。

해설과 수정

「今から」는 정중표현인「只今より」로
「結婚披露宴」은 존경표현인「ご結婚披露宴」으로
「始めます」는 겸양표현인「始めさせて頂きます」로
「付き合っている」는 겸양표현인「お付き合い頂いております」로
「と言います」는 겸양표현인「と申します」로
「今日は」는 정중표현인「本日は」로
「言いつけられた」는 존경표현인「仰せ付かった」로
「のですが」는 정중표현인「のでございますが」로
「務めるため」는 겸양표현인「務めさせて頂くため」
「みなさんの」는 존경표현인「皆様方の」
「力添え」는 존경표현인「お力添え」
「お願いします」는 겸양표현인「お願い申し上げます」로 각각 고친다.

해답

只今より、山田太郎様と石田幸子様の、ご結婚披露宴を始めさせて頂きます。 私は新郎の山田太郎様とは高校時代から親しくお付き合い頂いております高橋孝一と申します。 本日は司会という大役を仰せ付かったのでございますが、 無事大役を務めさせて頂くため、皆様方のお力添えをお願い申し上げます。

오용

14. それでは私が聞いておきましょう。メモをするから、ちょっと待ってください。それではどうぞ。はい、来週の金曜日の午後二時、頼んでいる原稿をとりに会社へ来る、それまでにぜひ間に合わせてほしい、そう言うと00はわかりますね、本当にすみません。もう一度、誰なのか教えてくれませんか。それから電話番号も、はい、わかりました。それでは復唱(ふくしょう)します。これでいいですね、どうもとても失礼しました。確(たし)かに伝えます。

해설과 수정

「聞いておきましょう」는 겸양표현인「伺っておきましょう」로

「メモをするから」는 겸양표현인「メモを致しますので」로

「ちょっと待ってください」는 존경표현인「少々お待ち願います」로

「頼んでいる」는 정중표현인「お願い中の」로

「来る」는 존경표현인「お見えになる」로

「そう言うと」는 겸양표현인「そう申しますと」로

「本当にすみません」은 겸양표현인「大変申し訳ございません」으로

「誰なのか」는 존경표현인「どちらさまか」로

「教えてくれませんか」는 겸양표현인「お教え頂けませんか」로

「はい、わかりました」는 겸양표현인「はい、かしこまりました」로

「復唱します」는 겸양표현인「復唱させて頂きます」로

「これでいいですね」는 정중표현인「これでよろしゅうございますね」로

「とても失礼しました」는 겸양표현인「大変失礼致しました」로

「伝えます」는 겸양표현인「申し伝えます」로 각각 고친다.

해답

それでは私が伺(うかが)っておきましょう。メモを致しますので、少々(しょうしょう)お待ち願います。それではどうぞ、はい、来週の金曜日の午後二時、お願い中の原稿(げんこう)をとりに会社へお見えになる、それまでにぜひ間に合わせてほしい、そう申しますと00はわかりますね、大変申し訳ございません。もう一度、どちら様かお教え頂けませんか、それからお電話番号も、はい、かしこまりました。それでは復唱(ふくしょう)させて頂きます。これでよろしゅうございますね、どうも大変失礼致しました。確(たし)かに申し伝えます。

오용

15. 本当にすみません。今連絡したところ、後(あと)十分位会議がかかると言っています。大変恐縮(きょうしゅく)に思いますが、ちょっと待ってください。会議が終わり次第知らせます。

해설과 수정

「本当に」는 정중표현인「誠に」로

「すみません」은 겸양표현인「申し訳ございません」으로

「今」는 정중표현인「只今」로

「連絡したところ」는 겸양표현인「ご連絡致しましたところ」로

「言っています」는 겸양표현인「申しております」로

「思いますが」는 겸양표현인「存じますが」로

「知らせます」는 겸양표현인「お知らせ致します」로 각각 고친다.

해답

誠に申し訳ございません。只今ご連絡致しましたところ、後十分ぐらい会議がかかると申しております。大変恐縮に存じますが、少々お待ちください。会議が終わり次第お知らせ致します。

오용

16. とても長いこと待たせてすみません。今00に督促したところ、まだ会議が終わらないので、とても迷惑をかけましたが、後日、改めて来てくれないかということでしたが、本当にすみません。

해설과 수정

「とても」는 정중표현인「大変」으로
「待たせて」는 겸양표현인「お待たせ致しまして」로
「すみません」은 겸양표현인「申し訳ございません」으로
「今」는 정중표현인「只今」로
「督促したところ」는 겸양표현인「督促致しましたところ」로
「迷惑をかけましたが」는 겸양표현인「ご迷惑をおかけ致しましたが」로
「来てくれないか」는 겸양표현인「お越し頂けませんか」로
「ということでしたが」는 정중표현인「ということでございましたが」로
「本当にすみません」은 겸양표현인 「誠に申し訳ございません」로 각각 고친다.

해답

大変長いことお待たせ致しまして申し訳ございません。只今(ただいま)00に督促(とくそく)致しましたところ、まだ会議が終わらないので、大変ご迷惑をおかけ致しましたが、後日(ごじつ)、改(あらた)めてお越(こ)し頂けませんかということでございましたが、誠に申し訳ございません。

오용

17. 長いこと待たせて、本当にすみません。もう読んだかも知れませんが、これは女性誌です。よかったらどうぞ。会議が終わったらすぐこちらへ来ることになっていますから、ちょっと待ってください。

해설과 수정

「待たせて」는 겸양표현인「お待たせしまして」로
「すみません」은 겸양표현인「申し訳ございません」으로
「読んだかも」는 존경표현인「お読みになったかも」로
「よかったら」는 정중표현인「よろしかったら」로
「終わったら」는 정중표현인「終わりましたら」로
「来ることに」는 겸양표현인「参ることに」로
「なっていますから」는 겸양표현인「なっておりますので」로
「ちょっと」는 정중표현인「今しばらく」로
「待ってください」는 존경표현인「お待ちくださいませ」로 각각 고친다.

해답

長いことお待たせしまして、誠に申し訳ございません。もうお読みになったかも知れませんが、これは女性誌です。よろしかったらどうぞ、会議が終わりましたらすぐこちらへ参(まい)ることになっておりますので、今しばらくお待ち下さいませ。